지금 여기, 무탈한가요?

지금 여기, 무탈한가요?

괜찮아 보이지만 괜찮지 않은 사회 이야기

오찬호 지음

북트리거

CONTENTS

두 번째 이야기

이 세상 모든 존재에 대해 예의가 필요하다

CONTENTS

세 번째 이야기

불평등을 없애는 유일한 방법, 끝까지 의심하기

이상한 주사위 게임

2019년의 달력이 얼마 남지 않았을 때, 여러 분야의 전문가들이 자신의 관점에서 2020년을 예측하는 강연에 연사로 초대받은 적이 있다. 낯설었다. 전문가라는 말이 부끄러워서기도 하지만, 애초에 세상을 비판하는 사회학자가 낄 자리가 아니었다. '데이터만 읽어도 억대 연봉자가 된다'고 외치는 벤처기업 대표의 표정은 자신만만했다. 대한민국 최고 트렌드 분석가라고 소개된 아무개는 2020년의 키워드를 줄줄 읊으면서 '1인 방송이 평등한 사회를 만들고 있다'는 놀라운 말들을 거침없이 내뱉었다.

좋은 말들만 가득했다. 누구에게나 장밋빛 미래가 공평하게 주어졌으니 먼저 쟁취하기 위해 노력하라는 말들의 범벅 속에, '양극화 문제를 내버려 두면 폭탄이 터질 것'이라고 말하는 나는 내가 보기에도 어색했다. 청중들은 마치 우주에서 온 외계인을 바라보는 표정을 하고 있었다.

유명하다는 전문가들 그 누구도 마스크를 사기 위해 동분서주하는 한 달 후의 세상을 예상하지 않았다. '코로나 19'를 예측하지 못했다고 탓하는 게 아니다. 그건 신통하다는 점쟁이도 불가능하다. 하지만 평소 세상을 바라보는 시야만 조금 달리했다면, 외부 변수 하나가 우리가 발 딛고 살아가는 판을 처참하게 흔들 수도 있다는 추측은 누구든지 할 수 있었다. 변수가 많은 미래의 일을 쉽게 예언할 순 없지만 사람들이 발 딛고 살아가는 곳이 견고한지, 아니면 푸석한지를 확인하는 건 지금도 가능하기 때문이다. 물론, 이런 시각에서 미래를 어둡게 전망하는 자는 인기가 없다.

　우리나라엔 자영업자가 많다. 설마 장사하는 기질을 타고난 사람이 많아서겠는가. 임금노동이 불안정하기에 나타난 결과일 뿐이다. 하지만 소개되는 사례는 늘 성공한 아무개의 파란만장한 일대기다. 과감하게 뛰어들었고 결국 일인자가 되었다는 무용담만 가득하다. 이에 비례해서 가게 한번 차려 보려는 사람은 더욱 늘어난다. 결과는? 바이러스 하나가 사람들의 외부 활동을 위축시키니 자영업자들은 휘청거린다. 문제는 그 수가 너무 많다는 거다. 국가가 자금을 투입했지만 언 발에 오줌 누기다. 공짜 돈도 아니고 저금리 대출을 받기 위해 사람들이 새벽부터 장사진을 치리라곤 어떤 전문가도 예상하지 못했다.

누구에게나 보편적이어야 할 '안정적인 일자리'를 일부만이 얻을 수 있는 보상처럼 여겼던 사회의 자업자득이다. 모두에게 연봉 1억을 보장하라고 했는가. 단지, 누구라도 위기 상황에서 추락하지 않을 최소한의 안전장치를 마련하라고 했을 뿐인데 우리 사회는 그러지 못했다. 여기는 유토피아가 아니라면서 불평등의 크기를 줄이는 데 무심했던 이들이 만들어 놓은 사회는 단 한 번의 충격으로도 뒤집어지게 되었다. 바늘구멍을 통과한 자들에게만 화려한 조명을 비추는 세상은 그 외의 사람들에게는 무심하다. 2주간의 격리만으로도 일자리를 잃는 이들에게 주목하지 않는다. 푸석한 사회가 흔들리니 약자들부터 추락하고 있지만, 사회를 좋은 방향으로만 보기를 원하는 사람들은 이를 외면한다. 좋은 시민으로 살아가기 위해서는 세상을 다양한 시선으로 바라볼 줄 알아야 하는데, 한국은 소수만이 해낼 수 있는 아름다운 이야기로 다수가 처한 나쁜 현실을 덮는 데 익숙하다.

주사위가 있다. 각 면에는 잘 살기 위해 개인이 지녀야 할 자세가 적혀 있다. 가정, 학교, 회사 그리고 미디어에서는 주사위를 던지며 정보를 제공한다. 매번 긍정적 사고, 동기 부여, 자기 계발, 부자에게 배울 점, 경쟁에서 이기는 법 등이 적힌 주사위 면이 반복된다. 하지만 한 면은 아무리 던져도 나오지 않는다. 어쩌다가 예기치 않았던 한쪽이 등장해도 '꽝' 취급만 당한다. 그건 개인이 잘 사는 데 하나도 필요하지 않다는 태도가 여기저기서 등장한다.

생소한 한 면에는 '사회구조를 보는 눈'이 적혀 있다. 2019년부터 1년 동안 '주사위의 낯선 면'을 《고교독서평설》에 연재했다. 당시의 글을 왕창 뜯어고치고 새로운 꼭지 몇 개를 추가하여 책을 완성했다. 그간 사회를 비판하는 여러 책을 출간했지만 특정 주제를 집중적으로 다루는 방식이었다. 학력주의(『우리는 차별에 찬성합니다』), 대학의 기업화(『진격의 대학교』), 공무원 시험 열풍(『대통령을 꿈꾸던 아이는 어디로 갔을까』), 성차별(『그 남자는 왜 이상해졌을까』) 등을 한 권의 책으로 선보였다. 이슈 하나를 깊게 들여다보는 장점은 있었지만, 사회문제를 비판하는 훈련이 생소한 이들에게는 조금은 어렵게 읽힌다는 아쉬움도 있었다. 『지금 여기, 무탈한가요?』에서는 우리가 발 딛고 서 있는 세상을 해독하는 방법을 친절히 소개하는 데 초점을 두었다. 현상의 이면에 엉킨 사회구조의 실타래를 풀어내는 매뉴얼을 제공하고자 노력했다. 이 책을 읽은 후 사회 비평가들의 글들을 접한다면, 문장에 숨겨진 맥락까지 어렵지 않게 발견할 수 있을 것이다.

사회가 과거에 비해 얼마나 좋아졌는지를 주목하는 시선들은 많았다. 그만큼, 여전히 심각한 문제들이 왜 사라지지 않는지를 다뤄야 한다. 균형 감각은 그제야 완성된다. 사회의 나쁜 면을 일부러 외면한다면 세상을 제대로 이해할 수 없을 것이다. 사회 구조를 제대로 바라보는 개인이 모여 '좋은 사회'를 만들어 나갈 때, 그 사회에서 행복하게 살아갈 사람은 바로 자신이다.

고등학생 나이 때의 청소년들을 생각하고 자판을 두들겼지만, 성인에게 하려는 말들과 크게 다르지 않았다. 연재 당시, 자녀 책상을 정리하다가 얼떨결에 읽었다는 학부모들의 메일을 종종 받았다. 주사위의 한 면을 외면하며 나머지 면만 굴리는 사람들은 나를 비난하지만, 오십 평생에 처음으로 시야가 넓어졌다면서 감사 인사를 하는 경우도 많았다. 독자가 누구든지 간에, 내가 지금부터 하려는 이야기가 낯설게 들릴 수도 있다. 하지만 익숙하지 않은 게 쓸데없음을 뜻하지는 않는다. 주사위 한 면만으로 세상을 봐야 한다고 우겨서는 안 되겠지만, 필요한 한 면을 빼고 사회를 안다고 여겨서야 되겠는가. 코로나22, 코로나24가 등장하더라도 덜 위태로울 사회를 함께 만들어 나가길 소망한다.

2020년 8월

사회학자 오찬호

이거 봐,
역시 세상은
무탈하지 않아

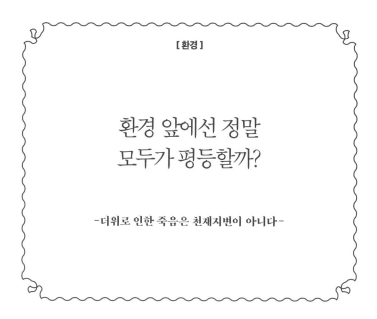

환경 앞에선 정말
모두가 평등할까?

-더위로 인한 죽음은 천재지변이 아니다-

⚖ 무탈한 사회를 고민하다

뉴스에는 쓰레기 매립장이나 소각장 같은 시설을 반대하는 사람들
의 시위 소식이 종종 등장한다. 이런 행동은 내 집 앞에는 절대 안
된다는 '님비(NIMBY) 현상'의 대표적인 예시로 소개되는 경우가 많
다. 나만 생각하는 이기적인 행동이라는 것이다. 이를 두고 서울 주
민 준형 씨와 화장터 예정 부지 근처에 사는 미혜 씨의 생각은 달
랐다.

김준형(서울 주민)

"환경문제는 인류의 보편적인 숙제인데 무작정 화장터 설립을 반대하면 안 되죠. 해당 시설들은 어디든 반드시 있어야 하잖아요? 그런데 '화장터는 필요하지만, 우리 동네에는 안 된다'는 입장은 매우 이기적이죠. 설마 정부에 돈을 더 달라고 요구하고 그러는 건 아니죠?"

이미혜(화장터 예정 부지 근처 주민)

"물론 환경문제는 우리 모두 함께 해결해야 하는 숙제죠. 그런데 왜 인류의 보편적인 숙제를 일부 지역 사람들만 떠안아야 하죠? 서울 사람들은 매립장, 소각장, 폐기물 처리장 등과 관련해 논란이 벌어지는 지역이 어디인지 알기나 할까요? 인류의 숙제를 도시보다 낙후된 지역에 사는 사람들만 풀어야 한다니 모순이죠. 책임은 모두에게 있는데, 왜 힘없는 사람들만 피해를 입죠?"

1982년, 미국 노스캐롤라이나주는 기업이 무단 투기한 독성 폐기물을 주민 대다수가 흑인으로 구성된 워런 카운티(Warren County)에 매립하기로 결정한다. 주민들의 항의 시위는 격렬했다. 발암물질 6만여 톤이 실린 수천 대의 트럭을 온

몸으로 막았고 이 과정에서 500여 명이 체포되었다. 환경의 혜택과 피해는 인종이나 계층 차이에 상관없이 동등하게 나눠서 책임져야 한다는 '환경 정의'(Environmental Justice)라는 개념이 만들어진 사건이었다. 환경문제와 사회문제는 별개가 아니라는 말이다.

'의성 쓰레기산'을 인터넷에서 검색하면 놀라운 사진을 볼 수 있다. 쓰레기가 무슨 성벽처럼 쌓여 있는데, 해외에서 특종으로 보도했을 정도다. 주민들이 유독가스와 오염된 지하수에 고통받는데도 방치된 쓰레기가 오랫동안 처리되지 않는 이유는 무엇일까? 여러 이해관계가 얽혀 있다고 하지만, 의성보다 인구밀도가 몇백 배 높은 서울이었어도 그렇게 내버려 두었을까?

폭염 앞에 장사 없다?

"태양에도 특허를 내나요?" 소아마비 백신을 개발한 조너스 소크 Jonas Salk 박사가 특허권을 누가 가지게 되는지를 묻는 기자의 물음에 한 대답이다. 인류를 구하는 백신은 아무런 조건 없이 빛을 제공하는 태양처럼 공공재의 가치를 지녀야 한다는 뜻이었다. 상업적 이득을 포기하고 제조법을 무료로 공개한 소크 박사 덕분에 전 세계는 소아마비의 공포에서 벗어나게 되었다. 태양이 공공재란 건, 어마어마한 자연적 실체 앞에서 인간은 누구든지 평등하다는 뜻일 게다. 그런데 공공재인 태양은 개인이 지닌 조건에 상관없이 인류 모두에게 공평하게 영향을 미칠까?

8월의 어느 날, 횡단보도 앞에서 신호를 기다리는 사람들의 모습은 각양각색이다. 말끔한 와이셔츠 차림으로 동료와 한창 수다 중인 사람도 있고, 아이스 아메리카노 한 잔으로 더위를 잊어 보려는 사람도 있고, 허름한 행색으로 구걸을 마다하지 않는 이도 있다. 그들은 학력도, 소득 수준도, 종교도, 살고 있는 집의 크기도 전부 다르다. 하지만 지금만큼은 모두 같은 상황이다. 덥다! 그것도 너무 덥다! 눈이 부신 태양 볕을 어떻게든 피하고자 좁디좁은 가로수 그늘 밑에 들어가려 안간힘을 쓰고, 손은 부채질하기 바쁘다. 폭염에 의연할 이가 어디 있을까? 부자도, 가난한 이도, 성직자도, 아이큐 150이 넘는 천재도 여름날의 이글거리는 아스팔트가 시원하게 느껴질 리 없다. 자신이 성직자라고 해서 땀구멍이 특별할 리 없을 것이고, 아이큐가 150이 넘는 사람도 한여름 아스팔트 위에서는 별다른 묘수가 없다. 폭염 앞에 장사 없다고 하지 않았던가. 자연 앞에서 인간은 모두 미약한 존재인 듯하다. 그렇게 생각하라고 배워 왔다.

정말 환경 앞에서 인간은 평등할까? 미세먼지만 예로 들어도 '만드는' 사람이 따로 있고 '마시는' 사람이 따로 있음을 우리는 알고 있다. 공기가 특정인이 사유할 수 없는 공공재라는 사실은 분명하지만, 모두가 나쁜 공기를 동일하게 마시지는 않는다. 사회경제지표는 열악한 지역에 사는 사람들이 미세먼지 때문에 더 많이 죽는다는 사실을 보여 준다. 2019년 3월 《미국국립과학원회보(PNAS, Proceedings of National Academy of Sciences)》에 실린 워싱턴대학교의 연구에 따르면, 인종별 초미세먼지 발생 책임과 실제 피해 정도를 비교했더니 미국의 백인들은 그들이 배출한 초미세먼지보다 17% 적게 들이마셨고 흑인은 56%를 더 마셨다. 또한 세계보건기구(WHO)의 『유럽의 환경 건강 불평등』 보고서에 따르면, 유럽에서 기후 변화와 같은 환경적 요인으로 사망하는 경우가 소득 하위층에서 상위층보다 5배 높다는 2019년의 조사 결과도 있다.

조금만 생각해 보면 환경은 누구에게나 공평하지 않음을 알수 있다. 누구는 미세먼지가 싫다고 차로 출근하지만, 누구는 매연을 들이마시며 거리를 걷고 그 와중에 더 먼지투성이인 지하로 가서 전동 열차를 타야 한다. 누구는 야외 활동을 자제할 수 있지만, 누구는 밖에서 일하지 않으면 먹고살 수가 없다. 누구는 공기청정기를 틀겠지만, 누구는 마스크를 구입할 돈도 없다. 환경이 평등한들 사회가 불평등하니 '자연 앞에서 모든 인간은 평등하다'는 말은 틀렸다.

폭염이라고 예외겠는가. 태양 볕은 절대 평등하지 않다. 보통 사람들은 날이 좀 덥다고 죽지 않는다. 하지만 '사회 취약 계층'으로 분류되는 사람들은 다르다. 미국의 사회학자 에릭 클라이넨버그Eric Klinenberg는 저서 『폭염 사회』(2018)에서 기후가 누구에게 더 가혹하게 영향을 끼치는지를 정교하게 분석한다. 클라이넨버그의 논의는 사회역학자 김승섭 교수의 저서 『아픔이 길이 되려면』(2017)의 '불평등한 여름, 국가의 역할을 묻다' 파트에서도 등장한다.

폭염사는 천재(天災)일까 인재(人災)일까

1995년, 미국 시카고에서는 폭염이 절정이던 단 일주일 동안 무려 739명이 더위로 사망했다. 미국 전역에서 1주일이 아니라 1년 평균 온열 질환으로 사망하는 사람이 연평균 400여 명이다. 그러니 시카고에서 그해 여름에 벌어진 일은 매우 충격적이었다. 하지만 속수무책으로 사람이 죽어 가도 정치인·공무원·기자들은 사태의 원인을 그저 의례적인 '여름의 불상사' 정도로 치부했다. 이런 안일한 태도는 사태의 사회적 요인을 찾아내는 일을 불가능하게 한다. 에릭 클라이넨버그는 '올해 유독 더운 이유가 무엇일까?'라는 상투적인 질문을 던지는 대신, '작년보다 더 덥다고 해서 왜 사람이 죽어 나가는가?'라는 다른 차원에서의 접근을 통해 폭염이 개인에게 차별적으로 가혹했음을 증명한다.

폭염에 직접적인 영향을 받는 이들은 밖에서 일하는 노동자라고 생각하기 쉽다. 그런데 실제로는 주택에서 대부분의 사망 사고가 발생했다. 사고가 일어난 주택가에는 두드러지는 세 가지 특징이 있었다. 첫째는 소득 수준이 빈곤선 이하인 사람이 주로 사망했다. 그다음으로는 독거노인이 사는 집에서 사고가 잦았다. 마지막으로 범죄율이 높은 지역의 주택가에서 '총기'가 아닌 '더위'로 인해 사망하는 경우가 다른 지역보다 많았다.

　　이 세 가지 특징은 정교하게 얽혀 있다. 빈곤층이 밀집된 지역은 범죄율이 높다. 가난하면 범죄자가 된다는 의미가 아니라, 가난한 사람들이 범죄에 쉽게 노출된다는 뜻이다. 주택에 방범장치가 부족하거나 해당 지역 치안이 허술한 탓이다. 그렇다고 동네를 떠날 형편이 되지 않으니 가난한 사람들은 위험한 줄 알면서도 그곳에 산다. 범죄로부터 자신을 보호하기 위해 할 수 있는 일은 창문을 닫고 문을 걸어 잠그는 것뿐이다.

　　그런데 이게 여름에는 문제가 된다. 자립적인 경제활동을 꾸리기 어려운 독거노인들은 에어컨을 구입할 엄두조차 내지 못한다. 여름을 이겨 낼 유일한 방법은 창문이라도 열어 두는 것인데, 앞서 말한 도둑이나 강도 때문에 그마저도 어렵다. 방어할 힘이 없는 독거노인들은 아예 못질을 해서 창문이 열리지 않도록 한다. 폭염이 난리던 당시 시카고에서 연락이 끊긴 노인들의 집에 가 보면, 오븐처럼 달궈진 방에서 사망해 있는 경우가 흔했다. 이는 창문 정도는 열어 둘 수 있는 치안을 사회가 보장했다면 노인들이 최소한 더위 때문에 죽지는 않았을 것임을 암시한다. 그렇다면 다음 물음이 가능하다. 가난한 동네에서 범죄율이 높은 구조적 문제와 폭염으로 죽은 노인의 사례는 서로 무관할까? 폭염으로 인한 사망은 천재지변이 아니라 사회시스템이 미비한 결과다.

사회시스템이 잘 갖춰져 있다면, 폭염이 사람을 덥게는 만들지언정 쉽사리 죽게는 하지 않는다. 소득 수준이 낮은 지역이라도 구성원들끼리 서로 연결되어 지역 공동체를 이루고 있다면 상황은 훨씬 낫다. 적어도 폭염에 지친 노인을 이웃들이 냉방 장치가 설치된 안전한 공간으로 대피할 수 있게 도와줄 수는 있다는 말이다. 지역 주민들끼리의 긍정적인 네트워크가 중요한 이유다. 하지만 시카고의 그 지역에서는 불행하게도 그렇지 못했다. 이웃과 별다른 유대 관계도 없이 고립되어 살던 사람들은 폭염 앞에서 속수무책이었다.

지역 주민 간의 네트워크는 사람들의 열정만으로 가능하지 않다. 문화시설이나 의료 기관 등 다양한 인프라가 구축되어야 하는데, 이 모든 것은 사회정책을 통해서 가능하다. 열사병은 발병 즉시 적절한 조치를 취하면 나을 수 있는 질병이다. 하지만 도로 사정이 좋지 않아 구급차가 현장에 도착하는 시간이 늦거나, 지역 의료 시설이 열악하여 더 나은 병원을 찾기 위해 도로에서 시간을 허비하다 보면 열사병으로도 사람이 죽을 수 있다. 이처럼 폭염 앞에서 사람은 평등하지 않다. 누군가에게는 삼복더위 정도로 취급되는 날씨가 누군가에게는 생명을 좌지우지하는 문제인 것이다.

폭염 살인이 주목받지 못하는 이유

폭염에 따른 인명 사고가 '천재'가 아니라 '인재'임을 알게 된 시카고에서는 이후 많은 변화가 일어났다. '쿨링 센터'를 비롯해 더위를 피할 수 있는 여러 시설이 생겨났다. '일 년에 사용하는 날이 며칠 안 된다'는 이유로 세금 낭비라고 여겨졌던 시설이었다. 일정 기온 이상이 되면 냉난방이 갖춰진 공공시설까지 무료로 대중교통을 이용할 수 있는 정책도 마련되었다. 포퓰리즘 취급을 받던 제도가 사람들에게 긍정적으로 받아들여지면서, 폭염에 따른 온열 질환 사망자 수가 감소했다.

우리나라에서 폭염을 다루는 방식은 매우 가볍다. 과연 폭염으로 인한 사망자를 감소시키기 위해 구조적인 변화를 꾀하고 있을까? 미디어를 비롯한 한국 사회 전반의 관성적인 습관을 살펴보자.

첫째, 폭염이 지속되면 언론은 도로에 날계란을 터뜨려 익는지를 취재하고, 복날에 삼계탕을 먹기 위해 길게 줄 선 사람들의 별로 중요하지도 않은 소식을 재미 위주로 다룬다. 폭염으로 인한 사망 사고 보도는 지속적이지도, 정교하지도 않다. 다른 자연재해보다 시청자들의 관심을 끌지 못하기 때문이다. 덥다고 해서 건물이 무너지거나 마을이 물에 잠기지는 않는다. 비행기가 결항되는 일도 드물고 배가 좌초되지도 않는다. 그래서 지진·폭설·산불·홍수에 비해 언론은 폭염에 대한 심층 취재를 시도하지 않는다. 간혹 전문가가 폭염 현상을 진단한다고 해도 이론적으로 환경에 접근하는 경우가 대부분이다. 대학교수가 등장하여 빙하의 두께가 얼마나 달라졌는지 도표로 보여 주고 해류의 움직임을 분석하며, 왜 지구가 뜨거워졌는지를 설명하기 바쁘다. 틀린 말을 했다는 게 아니라 이렇게만 접근하면, 환경문제에 관한 이야기만 남는다.

둘째, 죽는 사람이 취약 계층이기에 관심이 없다. 지진이 나서 어떤 학교 건물이 갈라지면 전국의 모든 학교가 긴급 안전점검을 받는다. 하지만 독거노인이 한여름에 방에서 죽은 채로 발견되는 사건은 '고독사'라는 한 줄 기사로 처리될 뿐이다. 안타까워하는 사람도 있겠지만, 노인들의 집에 에어컨을 무상 공급하고 전기료를 감면하자고 하면 누가 동의하겠는가. 노인의 외로운 죽음은 지금껏 으레 있어 왔던 일로 여겨져 주목받지 못한다. 제3세계의 수많은 사람들이 기아로 굶어 죽어도 대부분이 가난한 나라의 어쩔 수 없는 반복적 불행 정도로 받아들이는 것과 마찬가지다. 상대적으로 더욱 주목받는 사건이 있고, 그렇지 않은 사건이 있다. 취약 계층에게 벌어지는 일은 안타까운 이슈에 불과하지, 원인을 짚고 구조를 고쳐 재발을 방지하는 장기적인 안목으로 논의되지 않는다.

우리나라의 '장점 마을' 사건도 좀처럼 관심을 받지 못했던 사건 중 하나다. 전라북도 익산시 함라면 장점 마을에 비료 공장이 들어선 2001년 이후, 주민들이 갑작스레 암에 걸렸다. 불과 십여 년 사이에 총 주민 100여 명도 안 되는 마을에서 20명 넘게 암 환자가 발생한 것이다. 전체 암 발생률은 다른 지역의 2배가 넘었고, 특히 담낭 및 담도암은 16배, 피부암은 21배나 높았다. 그러나 아무리 따져 봤자 어느 누구도 관심을 가져 주지 않았다. 답답한 주민들이 직접 조사한 끝에, 비료 공장이 담뱃잎 찌꺼기인 연초박을 불법으로 사용하고 있음을 알아냈다. 그제야 환경부는 역학 조사를 통해 연초박에서 1군 발암물질이 생성된다는 사실을 밝혔다. 도시에서는 학교에 석면 가루가 날릴 수 있다는 예측만으로도 등교를 중지하고 시장과 교육감이 사과를 하는데, 시골에서는 사람들이 발암물질을 마시다가 죽어 가도 아무도 관심을 갖지 않는다. 그저 시골은 원래 그런 곳이라고만 생각할 뿐이다.

셋째, 폭염은 '인간의 이기심이 빚은 기후변화'라는 폭넓은 관점에서만 다뤄졌다. 오존층 파괴, 지구온난화, 엘니뇨 현상 등을 산업화와 연결하여 이해하려는 시도가 잘못되었다는 말이 아니다. 다만 너무 거시적인 관점만 부각되면, 환경문제는 죄 없는 자연과 탐욕적인 인간의 대립이라는 원초적인 구도에서만 맴돌게 된다. 맞는 말이고 좋은 말이지만, 우리 삶에서의 첫 번째 과제라고 하기에는 거리감이 느껴진다. 환경문제가 불평등의 문제로 재구성되지 않으면 개인과 환경문제 간의 직접적인 연결 고리를 찾을 수 없다. 유치원 시절부터 늘 봐 왔던 '지구가 아파하고 있어요!'라는 포스터를 기억할 것이다. 중학교나 고등학교에 가도 이 포스터 이상의 문제 인식이 이뤄지지 않는다. 환경문제가 '착한 사람이라면 마땅히 지녀야 할 도덕' 정도로 소비되는 이유다.

환경문제가 현재의 사회를 설명하는 키워드와 연결되지 못하고 대재앙이나 동식물의 멸종, 인류 공동체의 숙제와 같은 숭고한 주제로만 논의되는 것도 바람직하지는 않다. 이러면 보통 사람들의 일상과는 너무 멀리 떨어진 일처럼 느껴진다. 오늘 먹고 사는 걸 걱정하는 사람에게 멸종과 멸망은 너무 교과서적인 이야기다. '후손을 생각하자'는 식의 거창한 접근은 역설적이게도 당장 시급한 과제는 아니라는 인식으로 이어진다. 폭염 문제에 대한 접근도 크게 다르지 않다. 인간의 이기심 때문에 지구가 더워졌다는 지극히 상식적인 프레임은, 에너지를 절약하지 않으면 큰일 난다는 여론으로 이어진다. 그러면 더위에도 에어컨을 켜지 않고 참는 걸 미덕으로 삼는 사회 분위기가 형성되게 마련이다. 에어컨이 없어서 죽는 사람이 있는 현실을 생각할 때 야속한 결론이다. 즉, 환경문제는 더워도 죽지 않는 사람만의 추상적인 구호로 그치게 된다.

넷째, 여전히 우리 사회에는 폭염을 '극복하는' 이야기들로 가득하다. 뉴스는 더위 때문에 죽어 가는 사람들에 초점을 맞추지 않고, 땀범벅으로 일하는 노동자를 조망하며 열정과 성실의 이미지를 부각하기 바쁘다. 이런 것조차 삐딱하게 바라보느냐고 할지도 모르겠지만, 육체 노동자라면 더위 정도는 감당하는 게 도리인 것처럼 포장되면 역설적으로 더위를 감당하지 못하는 사람에 대한 관심이 줄어들게 마련이다. 매년 더위에 지쳐 죽는 노동자가 등장하지만, 사람들의 감정이 안쓰러움 딱 거기까지만 머무르는 이유다.

앞으로 폭염으로 인한 사망률은 나라마다 불평등을 어떻게 다루는지를 적나라하게 증명하는 지표가 될 것이다. 기상 이변이라는 말만 부유하고 그 이변 때문에 누가 가장 고통받는지 고민하지 않는 사회가 과연 상식적일까? 사회시스템을 어떻게 구축하는지에 따라 이변도 이변이 아닐 수 있다. 사람들이 속수무책으로 죽어 가는 이유는 더위가 지독해서가 아니다. 불평등이 지독하기 때문이다. 사람들이 불평등을 외면하기 때문이다.

❓ 무탈한 사회를 위해 묻다

▶ "지구온난화"는 누구에게나 익숙한 개념이다. 그런 만큼 다뤄지는 방식도 천편일률적이다. 인간의 욕망으로 인해 오존층이 파괴되고, 북극의 얼음이 녹아 북극곰이 서식지를 잃었다는 데 주목한다. 해수면이 상승하여 자유의여신상이 바다에 잠기는 이미지를 상상한다. 하지만 지구온난화 문제는 보다 직접적이다. 그림자는 평범한 사람들의 일상에 훨씬 크게 드리워 있다.

온난화에 따른 기후변화에는 어떤 것들이 있고, 이로 인해 누가 어떻게 피해를 입는지 알아보자.

▶ 영화 〈에린 브로코비치〉(2000, 스티븐 소더버그 감독)는 몰래 폐수를 버려 주민 건강에 심각한 피해를 끼친 대기업과 대결하는 한 여성의 이야기를 담고 있다. 기업은 개인의 암 발생에는 다양한 원인이 있다면서 발뺌하지만, 결국 소송에서 지며 엄청난 금액을 배상한다.

이와는 달리 현실에서는 환경문제의 정확한 실상이 알려지지 않는 경우가 많다. 질병이 발생해도 인과관계를 규명하기까지 시간이 많이 걸리니, 이를 악용하는 기업도 흔하다. 기업의 책임감을 강화하기 위해서는 어떤 정책이 필요할까?

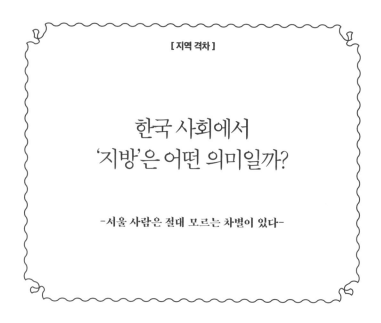

[지역 격차]

한국 사회에서 '지방'은 어떤 의미일까?

-서울 사람은 절대 모르는 차별이 있다-

무탈한 사회를 고민하다

민혜와 정민은 서울 강남에서 고등학교를 다니고 명문대 경영학과에 나란히 입학했다. 신입생 환영식 때 만난 동기들은 대부분이 외고·과학고 출신이거나 일반고 중에서도 소위 '명문고'라 불리는 학교 출신이었다. 그중 단 몇 명만이 민혜와 정민이 잘 모르는 지역의 고등학교를 나왔다. 어쩌다 대학 입시를 주제로 이야기를 하다 보니, 민혜와 정민은 서로의 생각에 차이가 있음을 알게 되었다.

이민혜(지방 배려는 공정하지 않다는 S대 1학년)

"농어촌 특별 전형에는 논란의 소지가 있어. 그 지역에 산다는 이유 하나로 좋은 대학에 입학할 수 있는 확률이 커지는 거잖아. 어떻게 보면 특혜라고도 할 수 있지. 이러면 실력이 같거나 더 나은 도시 학생들이 대학에 떨어지는 경우가 생길 수 있어. 입시에 우대하는 이유가 '시골에 살아서'라니, 좀 이상하지 않아?"

김정민(서울에서 받은 혜택을 인정하자는 S대 1학년)

"일부는 그럴 수도 있겠지만, 어떤 정책을 시행할 때는 보편적인 상황을 고려해야 한다고 생각해. 확실히 도시와 지방의 교육 환경은 달라. 우리 집 주변을 보면 학원만 수십 개고, 강사들 실력도 대단해. 입시에서 정보가 얼마나 중요한지는 너도 잘 알지? 우린 서울에 살아서 사교육 받기가 수월했고, 필요한 정보도 쉽게 주고받을 수 있었어. 우리가 당연히 누리고 있는 것들을 단지 지방에 산다는 이유만으로 누리지 못하는 사람도 있다는 사실을 알아야 할 것 같아."

산속에서 혼자 사는 자연인의 이야기가 주목을 받는 것은 우리가 그렇게 살고 있지 않기 때문이다. 보통의 사람은 학교에서 배우고, 병원에서 치료받고, 타인과 교류하고, 문화 생활을 즐긴다. 이는 삶의 필수 요소인데, 우리나라는 유독 수도권·비수도권 여부에 따라 삶의 기본을 충족시키는 인프라 차이가 심하다. 특히 교육 환경은 하늘과 땅 차이다. 대학 입시에서 거주지에 따른 특별 전형을 두는 이유는 오래된 불평등을 조금이나마 해결하기 위한 매우 작은 조치에 불과하지만 이조차도 '역차별'이라고 오해받는다.

지역 격차는 심각하다. '왜 농어촌 출신이라고 시험에서 특혜를 받지?'를 고민하기 전에, '지방에서는 어떤 차별이 존재할까?'를 먼저 고민해 보는 것은 어떨까.

서울 사람들은 모른다

"우리 사회에서는 어떤 요인으로 차별받을 가능성이 가장 큰 것 같습니까?"

서울 시민에게 던진 질문이다(2019년 서울특별시 도시정책지표조사). 복수 응답이 가능한 이 조사에서 10% 이상의 유의미한 상위 응답들을 살펴보면 다음과 같다. 소득 수준(57.9%), 교육 수준(43.4%), 직업(41.6%), 성별(15.3%), 외모(15.2%), 나이(12.8%) 순이었다. 이 요인들은 서로 같은 맥락 안에 얽혀 있다. 먼저, 누구나 소득 불평등의 현실을 일상에서 뼈저리게 느끼며 산다. 돈이 있어야 뭐라도 살 수 있고, 뭐라도 할 수 있는 세상이다. 빈곤층뿐만 아니라 중산층도 상류층을 바라보며 상대적 박탈감을 느낀다. '돈이 더 많으면 무시당하지 않았을 텐데.'라는 생각은 '좀 더 교육받아 전문적인 직업에 종사했으면 괜찮지 않았을까?' 하는 푸념으로 이어진다. 아울러, 일터에서 자신의 능력이 온당한 대접을 받지 못했던 현실도 떠오를 것이다. 무엇이 있을까? 성별·외모·나이 때문에 차별받았던 순간이 생각나지 않을 수가 없다.

종교(1.3%)를 꼽은 사람이 상대적으로 매우 적은 이유는, 일상에서 차별의 직접적인 요소라고 보기가 어렵기 때문이다. 불교 신자라고 혹은 교회나 성당에 다닌다는 이유로 사람이 차별받지는 않는다. 그런 일이 있다 해도 대다수의 사람들은 종교로 사람을 차별하는 자세가 옳지 못하다고 여긴다. 사실 인구 천만의 대도시인 서울에서는 서로 적당한 무관심을 지닌 채 살아가는 데 워낙 익숙하다. 법 잘 지키고 다른 사람에게 피해 주지 않는다면 종교가 무슨 상관이겠느냐는 사람들이 많다.

지역 이야기를 해 보자. 출신 지역이 차별의 원인이라고 답한 사람은 4.7%였다. 노골적인 지역감정으로 정치 권력을 유지하던 시절에는 서울에 살고 있어도 어디 출신인지에 따라 개인이 겪는 차별의 크기가 달랐지만 지금은 아니다. 요즘 시대에 그런

걸 따지면 구태의연하다는 소리를 듣기 딱 좋다.

서울 사람이 서울에 산다고 차별받을 일은 예나 지금이나 없다. 서울 안에서도 '강남'과 '비강남'을 나누기는 한다지만, 그래도 '나 서울 사람이라고 지방 가서 무시당했어!'와 같은 하소연은 농담으로만 가능하다. 그런데 서울을 벗어나면 답변이 달라진다. 서울 사람들이 걱정하지 않는 것들을 서울이 아닌 곳에 사는 사람들은 걱정한다. 나는 '차별'을 주제로 전국에 강연을 다니면서 서울 시민들이 받았던 것과 같은 질문을 수차례 던져 본 바 있다. 작년 초, 전라도와 경상도의 경계선 즈음에 있는 A 고등학교를 방문했을 때의 일이다. 소득·직업·학력·성별·외모·나이·지역 등의 보기를 나열하자, 곧 고3이 된다는 해준은 손을 번쩍 들고 이렇게 말했다.

"당연히 지역 때문에 차별받을 가능성이 제일 크죠. 내가 이곳 출신이라는 것은 삶에 마이너스지 결코 플러스가 아니에요. 서울에 있는 대학에 지원한 선배들의 면접 후기를 들어 보면 깜짝 놀라요. 교수님들 중에선 여기가 어딘지 잘 모르는 사람도 많고, 용하게 서울로 왔다는 듯한 눈빛으로 바라보는 교수님도 있다고 해요. 면접자 앞에 두고 '지방에서 여기까지 왔네'라면서 수군수군한다고 하더라고요. 지역이 차별받으니 지방 출신들이 직업을 구하기도 힘들고, 그래서 소득도 낮은 거죠."

서울의 여러 고등학교에서는 단 한 번도 나타나지 않는 반응이었다. 특히 목동이나 대치동 등 학구열이 대단하기로 소문난 곳에서는 아무도 이런 고민을 하지 않았다. 여기에 사는 가난한 학생도 '서울 사는 게 부끄럽다'고 말하진 않는다. 하지만 서울에서 멀어질수록 이야기가 달라진다. 해준은 목동에 사는 친구들은 모르는 고민으로 괴로워했다.

서울에서 살아가는 사람들이 느끼지 못하는 변수가 서울이 아닌 곳에서 생활하는 이들의 일상에 영향을 끼친다. 온통 산으로 둘러싸여 하루에 버스가 3~4대 다니는 게 전부인 시골에 사는 사람들만 고민하는 게 아니다. 요즘에는 서울 근교 도시의 학생들도 서울이 아니라고 불안해하는 경향이 짙어졌다. 도대체 왜 아직 본격적인 경제활동조차 시작하지 않은 고등학생들이 '지역'이란 요소 때문에 자신의 삶이 괴로울 거라고 예상했을까?

촌구석에서 논술은 무슨 논술이냐고?

해준은 어릴 때부터 책을 좋아했고, 독서를 바탕으로 조리 있게 말하는 능력도 뛰어났다. 대학 입시를 본격적으로 고민하면서, 해준은 제일 자신 있는 논술 전형으로 대학에 진학하기로 마음먹었다. 주요 대학의 논술 기출문제를 풀어 보면서 충분히 원하는 대학에 합격할 수 있겠다는 자신감도 얻었다. 문제는 '제대로' 공부하고 준비하지 못했다는 데 있었다. 대입을 위한 공부는 그저 열심히만 한다고 되는 게 아니었다. '확실한' 정보를 바탕으로 '철저한' 전략을 짜서 '효율적인' 방법을 강구해야 하는데, 해준은 어느 것도 제대로 하지 못했다.

일단 해준에게 신경을 써 주는 사람이 아무도 없었다. A 고등학교는 논술 전형을 준비하는 학생들에게 별로 관심이 없었다. 해당 전형으로 대학에 합격하는 경우가 드물어서다. 서울 상위권 대학에 간 학생들 대부분이 '학종(학생부 종합전형)'으로 합격한 터라, 학교는 여기 맞춰서 진학지도를 했다. 학교는 논술을 준비하는 5명 남짓한 학생들을 위해 교사가 따로 시간을 내기가 어렵다는 입장이다. 해준은 답답한 마음에 담임선생님께 상담해 봤지만, 돌아온 대답은 충격적이었다.

"솔직히 이런 지방 고등학교에서는 무리야. 대치동에서 학원 다니는 학생들이나 가능성이 있는 거지. 촌구석에서 논술은 무슨!"

1990년대만 해도 A 고등학교는 이렇지 않았다. 그때는 서울대 합격자도 매년 한두 명은 있었다. 하지만 점점 지방 고등학교에서 서울 상위권 대학에 진학하는 숫자가 줄어들었고, 학교도 지레 포기하게 되었다. 물론 서울에 있는 고등학교라고 해서 모든 학교가 논술 전형을 준비하는 학생들에게 세심하게 신경을 써 주는 것은 아니다. 그렇지만 학교가 도와주지 않는다고 해도 서울 사는 학생들에게는 해결책이 있다. 바로 '학원'이다. 서울에는 어디나 논술 학원이 있다.

이와는 달리 지방에 사는 해준은 학원을 다니기가 쉽지 않다. 주변에 논술 학원이 없다. 해준과 비슷한 상황을 겪은 선배들은 대치동 학원의 주말 프로그램을 수강하러 서울행을 감행했다. 금요일 밤에 상경해 일요일 밤에 돌아오는 일정으로 서울을 다녀오는 거다. 그것도 한두 번이지, 금액과 시간을 생각하면 효율적이지도 않다. 해준은 고3이 되는 길목에서 많이 고민했다. 결국 논술 전형으로 대학에 진학하겠다는 계획을 접을 수밖에 없었다.

고등학생에게 대학 입시는 매우 중요한 과정이다. 지방에 산다는 이유로 아무것도 할 수 없던 해준이 한 치의 망설임도 없이 '지역'을 차별의 주요 요인으로 꼽은 것은 당연했다. 해준이 사는 지역은 물 좋고 공기 맑다고 소문이 자자하지만 대입에서 별 도움이 되지 못했다. '어릴 때부터 자연을 벗 삼고 살았다'고 자소서에 적는다고 해서 무슨 경쟁력이 있단 말인가? 해준에게 고

향은 제대로 된 공부를 하기 위해 하루빨리 떠나야 하는 곳에 불과했다.

생각해 보니 해준이 어릴 때부터 책을 좋아한 이유는, 독서 외에는 좋아할 만한 별다른 게 없었기 때문이었다. 다른 취미를 접해 볼 기회가 없었던 상황에서의 궁여지책이었다. 도시에 흔하게 있는 체육 센터조차도 없었으니, 수영, 풋살, 인라인 등은 구경도 못 했다. 피아노 학원조차 차로 20분은 이동해야 다닐 수 있었는데, 그나마 읍내에 하나 있는 학원이었다. 학원끼리의 경쟁이 없으니 수준도 엉망이었다. 문화생활은 집에서 컴퓨터로 했을 뿐이다. 백화점은 가 본 적도 없다. 집에 있는 시간이 많았던 해준은 그나마 독서에 흥미를 느꼈을 뿐이다.

지방에선 누리지 못하는 것들

지역과 지방은 비슷하지만 다른 개념으로 쓰인다. '지역'은 전체를 분할하여 칭하는 개념인 반면에, '지방'은 '시골'의 의미가 강하다. 서울은 또 다른 지역이긴 하지만 지방으로는 불리지 않는다. 사람들은 지방을 '전체의 중심부가 아닌 곳', 이를테면 '도시가 아닌 지역'이라는 뜻으로 받아들인다. 한국의 경우 지방 면적이 훨씬 넓지만 사람들 대부분은 도시에 산다. 전체 인구의 90%가 넘는 사람들이 도시에 살고 있고, 50%가 서울을 포함한 수도권에 거주한다. 서울·인천·경기도의 면적이 한국 전체의 11.8%임을 고려할 때 과밀 현상은 심각하다. 게다가 이런 집중 현상은 좀처럼 나아질 기미가 보이지 않는다. 사람들이 계속해서 도시를 찾는 이유는 뭘까?

도시에는 무엇이든 많다. 입시 학원은 물론이고 각종 자격증 학원이나 공무원 학원도 많다. 지하철로 몇 개 역만 이동하면 영화, 연극, 뮤지컬을 즐길 수 있는 문화 시설이 있다. 아플 때 제일 중요한 종합병원 역시 어렵지 않게 찾을 수 있다. 서울에 살면서 의사가 없어서 혹은 수술 장비가 없다는 이유로 살 수 있는 사람이 죽지는 않는다. 하지만 도시에서 멀어질수록 환자가 병원으로 이동하는 데 시간이 오래 걸려 골든 타임을 놓쳐서 사망하는 일이 비일비재하게 일어난다. 담당 의사가 없어서 적절한 치료를 받지 못하는 경우도 많다.

인구 절반이 수도권에 있으니, 대한민국 의료기관의 절반이 수도권에 있는 것도 얼핏 타당해 보인다. 하지만 병원 수를 단순히 사람 수에 비례하여 따질 순 없다. 수도권에 병원이 많은 것이 잘못되었다는 말이 아니라, 수도권이 아닌 지역의 병원 부족이 심각한 문제라는 말이다. 누구는 걸어서 병원에 갈 수 있는데, 누구는 한두 시간 차로 이동을 해야 하는 상황이다. 이런 차이로 사람 목숨이 결정될 수도 있다. 그러니 지방 사람들은 살았던 동네를 떠나려고 하고, 수도권에는 더 많은 시설이 들어서면서 격차가 커진다. 나아가 어디에 살고 있다는 것만으로도 차별받는다는 생각이 들 지경에 이른다.

정부는 서울로 모든 기능이 집중되는 것을 해결하기 위해, 1980년대부터 수차례에 걸쳐 서울의 도시 기능을 외곽으로 돌리고자 시도했다. 과천으로 정부 청사를 옮기고 일산·평촌·판교 등에 신도시를 만든 것인데, 결국 수도권 전체가 '메가시티'가 되어 버리고 말았다. 메가시티란 행정적으로 지역 구분은 되어 있지만 기능적으로 연결된, 인구 1,000만 명 이상의 거대도시를 말한다. 인구 1,000만 서울의 문제점을 해결하려다가 인구 2,000만의 기형적인 수도권 공화국이 탄생한 셈이다. 그래서 서울도, 판교도 집값이 비싸졌다. 삶의 질을 결정하는 제반 시설들이 수도권에 집중된 현실에서 지역 균형 발전을 꾀하기는 힘들다. 심지어 수도권 사람들조차 서울에 살지 못한다는 박탈감을 느낀다니, 수도권 외 사람들은 어떤 심정일까.

2000년대 이후 정부는 나주·김천·진천·음성·원주 등에 혁신 도시를 만들어 여러 공공 기관을 이전했지만, 가족 모두가 원래 살던 곳을 떠나 새로운 지역으로 이주하는 비율은 2017년 기준 32% 정도에 불과하다. 신축 아파트에 입주해서 가족이 함께 살면 되겠지만, 사람은 집 안에서만 살지 않는다. 지방에 살게 되면 감수해야 할 것들이 너무 많다. 그러니 금요일 저녁에는 다들 서울로 돌아간다. 혁신 도시의 주말 풍경이 유령이 나온다고 해도 믿을 정도로 고요한 이유다.

서울 가서 출세하라는 말, 이제 그만!

강원도의 한 고등학교에 '작가와의 만남' 행사차 방문한 적이 있다. 행사가 시작되기 전에 교장과 차를 마실 시간이 있었는데, 그는 연신 학생들이 '시골에 살아서인지' 기가 많이 죽었다면서 내게 격려를 부탁했다. 무슨 격려를 해야 하냐고 물었더니 학생들이 그곳에 사는 데 적응해 버려 나태해지면 안 된다고 강조해야 한다며 신신당부했다. 그러고는 행사 때 학생들에게 나를 이렇게 소개했다.

"오늘 서울에서 귀한 손님이 누추한 곳까지 오셨습니다. 여러분에게는 흔치 않은 기회이니, 오늘 작가님 조언 잘 듣고 열심히 공부해서 꼭 서울로 대학 가세요!"

흔한 덕담 정도로 넘기면 그만일까? 습관처럼 서울이 아닌 곳을 누추하다고 말한다. 다른 곳도 아닌 학교에서 서울이 아닌 곳을 변두리로 못 박고 자조를 남발한다. 이런 비하들이 모이고 모인 결과, 지방은 하루빨리 벗어나야 마땅한 '변방'이 되어 버렸다. 지방에서 적응하면 나태해진다는 식의 조언은 지방을 벗어나지 않은 이들에게 패배감을 안겨 줄 것이다. 지방의 고등학교를 다닌다는 이유로 꿈의 크기를 줄여야 하며, 지방의 대학교를 다니는 게 부끄러워서 고개를 숙이고 걸어야 하는 현실은 옳지 않다. 세상 어디를 가도 지방은 존재하지만, 한국처럼 지방에 사는 걸 무슨 죄인 양 받아들이는 경우는 드물다. 지금껏 지역 불균등 발전을 무시하고 성장해 왔던 대한민국은 지금부터 어떤 정책을 펴야 할지 심각하게 고민할 때다.

⑦ 무탈한 사회를 위해 묻다

▶ 기관이나 기업에서는 서울에서 일하던 사람이 지방 발령을 받으면 조직의 중심부에서 탈락한 것으로 여기는 경우가 많다. '지방으로 좌천되었다'는 표현은 이런 상황을 설명한다. TV드라마에서도 "촌구석에서 썩지 않겠다. 반드시 살아남아 다시 서울로 돌아가겠다!"고 부르짖는 주인공이 종종 등장한다. 이런 묘사에는 어떤 문제점이 있을까?

▶ '강원도 선생님만 할 수 있는 101가지'라는 광고가 있다. 교사를 하면서 주말마다 천혜의 환경을 즐기라는 내용으로, 강원도 교육청에서 준비한 광고다. 도시에는 발령 대기자가 넘쳐 나는데, 지방에는 교사 지원자가 부족하다. 지방 교대에 입학하더라도 임용 시험은 수도권에서 치르려는 경우도 많다. 전국에 교사를 안정적으로 공급하려면 어떤 고민과 정책들이 필요할까?

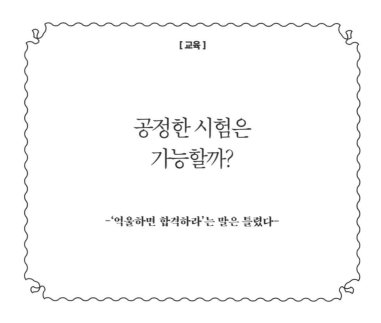

[교육]

공정한 시험은 가능할까?

-'억울하면 합격하라'는 말은 틀렸다-

🌡 무탈한 사회를 고민하다

수시 전형에 대한 논란이 많다. 부유층 자녀에게 유리한 전형이라는 비판이 있는데, 돈 없이는 불가능한 '스펙'을 쌓아 명문대에 합격하는 경우가 있기 때문이다. 이때마다 '차라리 수능 시험만으로 학생을 선발하는 편이 훨씬 공정하다!'는 주장을 하는 사람들이 많다. 대통령까지 나서서 서둘러 정시 전형 비율을 확대하라고 할 정도다. 교육 제도와 관련된 인터넷 기사를 보며 대입 시험을 앞둔 미혜와 진수가 대화를 나눴다.

이미혜(수시 전형은 객관적이지 않다는 고3)

"수시 전형은 정말 애매해. 부모의 경제력과 정보력에 의해 대학 합격이 결정될 가능성이 너무 높잖아. 차라리 같은 날에 모두 시험 치르는 정시가 더 객관적인 평가 같아. 오래전 학력고사 시절에는 개천에서 용이 많이 났다는데, 이제는 그럴 가능성이 없어 보여."

최진수(수능 시험도 공정한 건 아니라는 고3)

"물론 수시 전형에 문제가 많은 게 사실이야. 하지만 수능 시험이라는 기존의 평가 방식에 문제가 많아서 고민 끝에 다양한 전형을 만든 것이라고 알고 있어. 기존의 수능 시험에도 분명한 폐해가 존재하는데 정시 확대가 과연 답일까? 그리고 수능 시험 점수로 사람을 줄 세워도 된다는 생각은 좀 위험해."

단 1점 차이로 누구는 A 학점을 받고 우등생이 되지만, 누구는 B 학점을 받은 평범한 학생이 되기도 한다. 점수의 차이가 기쁨과 슬픔의 경계선이자 우월감과 열등감의 시작점이 되는 경우는 매우 흔하다. 점수로 인해 합격과 불합격이 결정되며, 이는 성공과 실패로 연결된다. 그러니 이 땅에서의 공부는 어떻게든 정답을 맞히도록 돕는 것에 집중할 수밖에 없다. 학교든 학원이든 문제집만 파고든다. 많은 문제를 빨리 푸는 경쟁만이 존재하는 세상에서 사람은 자연스레 숫자로 평가받는다. 정작 사람이 그 숫자 때문에 괴로워하고 아파한다는 사실에는 아무도 관심이 없다.

수시 전형이 옳다는 말을 하려는 게 아니다. 정시 전형은 엉터리라고 주장하는 것도 아니다. '시험 점수가 바로 그 사람이다'라는 착각이 위험하다는 말이다.

억울하면 합격해라?

나는 『우리는 차별에 찬성합니다』(2013)라는 책에서 대학생들이 대학 서열화를 의심하지 않고 오히려 신성하게 여기는 사회상을 담았다. 대학 랭킹 매기기에 심취하여 때로는 과감히 차별하고 때로는 무덤덤하게 차별받는 20대의 모습은 충격이었다. 물론 예전에도 학력주의와 학벌주의는 있었지만, 지금과는 결이 조금 달랐다. 과거에는 스스로가 잘났다면서 '과시'하는 꼴불견 형태였다면, 현재는 누군가를 못났다면서 '멸시'하는 잔인한 형태로 바뀐 것이다. '우리 대학생답게 행동하자'는 태도의 건방짐과 '저것도 대학이야?'라는 비웃음을 비교하면 (집단 사이에 선을 긋고 분류하려는 동일한 특징이 있지만) 차별의 강도가 같다곤 할 수 없다. 많은 이들이 '태정태세문단세' 외우듯이 '서연고 서

성한 중경외시…'라면서 대학 순위를 읊는다. 심지어 어디서 끊어 읽어야 하는지, 순서를 바꿔도 되는지를 두고 다투기도 한다. 이런 상황이니 3등이 4등에게 우월감을 갖고 10등이 11등을 무시하고 19등이 20등을 한심하다고 바라보는 것도 전혀 이상하지 않다. 1등이 20등을 어찌 바라볼지는 차마 말로 표현하기 어렵다.

나는 원인을 '성실하게 공부하면 성공할 수 있다'는 식의 자기 계발 담론이 지나치게 부유하는 데서 찾았다. 자기 계발이 개인에게 동기를 부여하는 수준을 넘어서 타인을 재단하는 기준으로 자리 잡으면 여러 문제가 발생한다. 특히, 잘못된 사회구조 때문에 힘들어하는 사람들을 향해 개인의 잘못이라며 탓할 가능성이 높아진다.

명성 높은 대학에 진학한 다음 전문직 종사자가 되어 안정적으로 살겠다는 바람이 왜 문제겠는가. 하지만 모두가 이런 전투적인 목표 의식을 가져야 마땅하다고 강조하며 세상의 불평등을 제대로 이해하지 않으려는 사회는 곤란하다. 빈곤을 개인의 책임으로 귀결시키고, 비정규직 노동자의 열악한 처우를 '학교에서 공부 안 한 결과'로 여기는 사람이 대다수인 공동체는 어떨까? 열심히 공부했기에 차별에 찬성한다는 이들이 정치인이 되고 교육자가 된다면, 사회 양극화는 그저 별수 없는 세상의 이치로 받아들여질 것이다. 이러면 불평등의 크기가 줄어들 리 없다. 차별을 차별이 아니라고 여기는 고정관념은 세상을 병들게 만든다. 내가 쓴 다른 책들도 이를 비판하는 전제에서 출발한다.

　책은 여러 대학에서 토론 주제로 선정되었고, 교육 현장으로부터 강연을 해 달라는 요청을 받기도 했다. 그런데 고등학교에서 강연을 할 때면 의도치 않은 질문을 받을 때가 많았다. 강연은 이런 내용이다.

노동의 지위에 따른 차이가 지나치게 크게 벌어지면 자연스레 직업의 귀천에 대한 고정관념이 자리 잡는다. → 대기업 정규직만이 희망이 되어 버린 세상에서는 어떤 대학의 졸업장을 얻는지가 더욱 중요해진다. → 그러니 모두 각자도생하겠다며 경쟁 속으로 뛰어들게 되고, 실패를 자기 책임으로 여기는 사회적 분위기가 만연해진다. → 이런 상황에서는 비정규직 노동자 문제를 개인의 탓으로 바라보기 쉽다. → 사회문제를 외면하는 분위기가 만연해진다.

　나는 정규직 전환이 절대적인 답은 아니지만 비정규직의 현재 상황을 그대로 내버려 두면 안 된다면서, 생산적인 토론을 하자고 제안했다. 충분히 설득했다고 생각했지만, 강의를 듣던 누군가의 흥분한 목소리가 예외 없이 등장했다.

"그렇게 억울하면 시험 봐서 정규직으로 합격하면 되잖아요! 시험 성적에 따라 보상이 다른 건 '차이'지 '차별'이 아니에요. 다들 똑같이 학교 다니면서 시험 본 성적으로 대학 이름이 달라지는 거잖아요. 마찬가지로 똑같이 입사 준비해서 공정한 입사 시험을 치른 뒤 정규직 합격한 게 왜 문제가 되는지 모르겠어요. 비정규직으로 일하는 사람들이 정규직보다 취업 준비를 더 열심히 했을까요? 그건 아니잖아요. 그런데 날로 정규직 되려고 하면 안 되죠!"

"날로 정규직 되려고 하면 안 되죠!"라는 말은 내가 2008년도에 대학 강의실에서 토론 중 들었던 말인데, 이제는 고등학교에서도 듣게 되었다. 노동자를 대하는 사회의 수준이 정당한지를 비판해 보자는 말에 왜 이렇게 공격적인 반응을 보일까? 비정규직의 정규직 전환에 대해서는 논쟁이 있을 수 있다. 그것만이 비정규직 문제를 해결하는 방법은 아니기 때문이다. 그러나 이 땅에 살아가는 수백만 명의 비정규직 노동자를 '공부도 제대로 하지 않은 존재'로 가볍게 규정 짓고, 노동자의 정당한 항의를 '무임승차나 일삼는 도둑놈 심보'로 묘사하는 데는 문제가 있다. 그건 사회가 발전하기 위해서 필요한 다양한 의견도 아니고, 누구에게나 보장된 표현의 자유도 아니다. 명명백백 잘못된 태도다.

인류는 어제보다 공정한 시험제도를 만들어 갈 뿐

경쟁 교육에 익숙한 사람들이 많은 사회에는 승자 독식 구조에 체념 혹은 순응하는 정서가 만연하다. 학력주의를 비판이라도 하면 '공허하다'는 조롱을 듣기 십상이다. 치열한 경쟁 풍토를 비판하는 논의가 제자리인 이유는 '그래서 결론이 뭔데?'라는 식의 비아냥거림이 마치 정당한 반론처럼 인정받기 때문이다.

하지만 현재의 문제점을 피하지 말고 대안을 고민하자는 논의에 '해결책이 없으면 이야기를 꺼내지도 말라'며 윽박질러도 될까? 이런 사회에서 불평등한 상황이 개선될 리 없다. 학력에 따른 대우가 다를 수밖에 없다는 인식이 깊게 뿌리 박힌 사회에서는 '억울하면 공부하라'는 주문만이 부유할 뿐이다.

나는 학력은 무용(無用)하다거나, 학력에 따른 차등적 보상이 무조건 틀렸다는 비판을 하려는 게 아니다. 일부 사람들은 경쟁의 모든 게 잘못되었다면서 마치 학교가 사라지면 모두가 행복할 것처럼 이야기하지만, 무책임한 선동일 뿐이다. 현대사회에서 학력주의는 제대로 작동한다고 가정하면 굉장히 효율적인 이념이기도 하다. 오늘날에는 기술이 진보하며 전문성을 요구하는 여러 직업이 등장했고, 이를 획득하기 위해서는 관련 자격증과 학력, 개인의 역량 등이 매우 중요해졌다.

불과 150년 전만 해도 없었던 '항공 관제사'라는 직업을 예로 들어 보자. 항공 기술이 비약적으로 성장하면서 지금은 어느 공항에 가든 이 노동을 수행하는 사람이 반드시 존재한다. 당연히 관제사에게는 특별한 역량이 필요하다. 항공 교통을 지휘하려면 관련 자격시험을 통과해야 하고, 고도의 집중력을 갖춰야 하며, 각국의 조종사들과 소통해야 하므로 유창한 영어 실력도 필수다. 교통안전공단에서는 필요한 인재를 수급하기 위해 시험을 보고 응시자의 석차를 매긴다. 이 과정을 통해 선발된 자들이 업무를 수행해야만 항공 안전이 보장된다. 이는 모두에게 이로운 일이다. 그저 '관상이 좋다'거나 '알고 보면 진국'이라는 이유로 관제사가 선발되면 끔찍한 일이 발생할 것이다. 의사의 경우도 마찬가지다. 세상 어디를 가더라도 공부를 잘해야 의사가 된다. 전문적인 의료 지식을 제대로 배울 수 있는 수준의 사람을 선발하고, 그들에게 의료 행위를 독점적으로 행할 수 있는 자격을 부여하는 것은 국가의 당연한 의무다. 그렇지 않으면? 사람을 성적으로만 판단하지 말라는 낭만적 생각을 의료 전문인에게 적용하면? 환자의 생명이 위태로워질 가능성이 커진다.

공부의 결과가 직업의 차이로 이어지는 것은 사람들도 합의한 지점이다. 다만 공부의 결과가 빈부의 차이를 정당화해도 되는지는 다른 문제다. 시험 성적이 평생 소득에 지대한 영향을 미치는 경우가 많지만, 그렇다고 부자와 빈자의 엄청난 소득 차이가 정의로운 것은 아니다. 소득을 직업에 상관없이 동일하게 하자는 발상은 참으로 유치하지만, 소득 격차가 납득할 수 있는 수준을 벗어난 양극화 현상을 내버려 두자는 태도는 참으로 잔인하다. 자본주의를 경제체제로 받아들인 나라의 학교에서는 방식이 다를 뿐이지 시험을 통해 사람을 평가한다. 하지만 결과를 대하는 태도는 결코 같지 않다.

우리나라에서는 1등이 박수받는 게 당연하다. 그러니 학교에서는 성적순으로 우열반을 나누고 기숙사 입사의 기회를 차등적으로 부여한다. 서울대에 합격한 학생들의 이름이 적힌 현수막을 학교 정문에 거는 일도 낯설지 않다. 그러나 어떤 나라에서는 깜짝 놀랄 일이다. 우리에게 당연한 '성적을 대하는 태도'가 다른 곳에서는 공교육 현장에서 결코 있어서는 안 되는 부끄러운 모습이 되기도 한다.

두 사회의 차이는 '공정한 시험이란 존재하지 않는다'는 말에 얼마나 동의하느냐에 있다. 시험이 공정하지 않다니, 그게 무슨 말이냐며 의문을 가질 사람이 많을 테다. 하지만 사실이다. 지금껏 인류 역사에서 공정한 시험은 단 한 번도 없었다. 다만 어제보다 공정한 시험제도를 만들기 위해서 노력할 따름이다. 지금 시험은 과거보다 공정할 뿐이지, 결과에 따라 그 사람의 전부를 평가할 만큼의 절대적 공정성을 보장하지 않는다. 다양한 직업

군이 존재하고 전문성을 필요로 하는 사회에서 지식에 대한 평가를 피할 수는 없기에 부득이하게 시험을 통해 사람을 구분하곤 있지만, 이것이 시험 점수로 사람을 멋대로 재단하라는 뜻은 결코 아니다. 한 사람의 소중한 인생을 함부로 무시할 권리가 설마 공부 좀 잘한 사람에게 부여되어 있겠는가.

정말로 공정한 사회를 원한다면?

시험이 공정하지 않다는 생각은 위험한 상상이 아니다. 그렇게 생각하는 사람이 많아질수록 그 사회는 더욱 공정해진다. 왜 그럴까? 시험이 공정하지 않다는 말은 모든 사람이 동일한 조건에서 시험을 치르기가 불가능하다는 뜻이다. 누군가의 부모가 경제적 능력이 부족하다면? 어떤 이의 담임교사가 폭력적이었다면? 어떤 사람이 살았던 마을에 제대로 된 학원 하나 없었다면? 우리는 개인의 일생에 어떤 일이 발생했는지 샅샅이 알 수 없다.

즉, 개인의 차이를 전부 고려해서 동일한 출발선을 만드는 시험은 원천적으로 불가능하다. '결과'만을 신성하게 여기는 풍토에서 벗어나야 하는 이유다. 그래야 빈곤을 개인의 잘못으로만 판단하는 사회적 분위기에 변화가 생기고, 나아가 성공한 이들의 사회적 책무도 엄격해진다. 그런 사회에서는 고소득자가 '내가 열심히 공부해서 번 돈을 왜 국가가 빼앗아 가나?'라는 이상한 질문을 던지면서 내야 할 세금을 아까워하지 않을 것이다.

반대로 차별은 당연하다고 생각하는 사회는 어떨까? 서울의 한 학원에서는 '치킨을 시킬지(1·2·3등급), 치킨을 배달할지(7·8·9등급)는 이번 겨울이 좌우한다'라고 적힌 광고 현수막을 버젓이 걸어 놓기도 했다. 공부를 성실히 해야 고소득 전문직이 될 수 있고, 게을러서 형편없는 성적을 받으면 저임금 노동자로 살아갈 것이라는 뜻이다. 이런 인식이 만연한 사회에서 약자를 위한 사회정책을 제대로 만들기란 불가능하다. 불평등을 줄이기 위한 여러 제도들을 두고 '학교 다닐 때 놀았던 사람을 왜 도와줘? 역차별 아니야?'라는 여론이 정의로 포장되어 일상을 지배할 것이기 때문이다. 교육의 기회와 과정에 누구나 평등하게 참여할 수 있는 제도를 만드는 건 중요하지만, 시험은 공정하다고 못 박아 버리면 시험 결과에 따른 불평등이 개선되기 어렵다.

각자의 출발점은 다 다르다. 영국의 교육사회학자 바질 번스타인Basil Bernstein은 부모의 직업에 따라 학생들의 언어 습관이 어떻게 다른지를 연구했다. 부모가 안정적인 중산층인 경우, 자녀의 언어는 굉장히 정교했다. 이들은 교실에서 궁금한 점을 정확히 질문할 줄 알았고, 토론에도 능숙했다. 반면에 부모가 저임금 노동자일 경우, 자녀의 언어는 굉장히 거칠고 협소했다. 교사의 관심을 유발하는 질문을 던지지 못했고, 그저 시키는 것만 대충하는 학교생활을 했다. 교사는 학생을 차별하지는 않았지만, 언어 습관이 정교한 이들에게 더욱 긍정적인 반응을 보였다. 이는 고스란히 시험 성적의 차이로 이어지고, 나아가 평생 소득에도 영향을 미쳤다. 한국 사회라고 예외일까? 한국의 교사들은 이런 차이에 영향받지 않고 학생들을 대한다고 자신 있게 말할 수 있을까? 교사 잘못이라는 게 아니라, 100%의 공정성이란 불가능하다는 거다.

시험을 절대적으로 신뢰하고 공정한 평가가 존재한다는 착각이 지나치면 괴상한 일이 발생한다. 2013년도 수능의 세계지리 과목 8번 문제의 오류를 인정하는 과정에서 빚어진 일들이 대표적인 사례. 북미자유무역협정(NAFTA) 회원국과 유럽연합(EU)에 대한 옳은 설명을 고르는 문제였는데, 교과서에 쓰인 경제 규모를 근거로 정답과 오답이 구분되었다. 하지만 통계는 매해 달라지는 데다, 문제에서 비교 기준 시점을 명확히 제시하지 않아 논란이 되었다. 중요한 것은, 오류가 오류로 인정받기까지 1년이나 걸렸다는 사실이다.

수험생이 평가원을 대상으로 낸 소송 1심에서 법원은 오류가 없다는 판결을 내렸다. '오류가 있는 문제라도' 답을 도출하는 과정을 따라가면 충분히 정답으로 인정할 만한 근거가 있다는 판결이었다. 답을 고르는 것도 일종의 재주라고 인정하는 셈인데, 다행히 2심에서는 '문제가 명백한 오류'라는 판결이 났다. 비난 여론을 의식한 교육부는 상고를 포기하고 해당 문제를 전원 정답 처리했다. 이 과정이 1주일도 아니고 무려 1년이 걸렸다. 문제에는 반드시 정답이 있다는 강박, 그리고 정답을 맞힌 자와 틀린 자가 선명하게 구별되어야 한다는 습관이 빚어낸 해프닝이었다.

나는 '교육이 썩었다!'라는 말을 하려는 게 아니다. 교육이 지닌 필연적인 한계를 겸허하게 인정하자는 말이다. 그래야 완전하지는 않지만 '공정함'에 한 걸음 다가갈 수 있다. 시험은 무조건 공정하다는 착각은 시험 결과로 인해 차별이 싹트는 지점을 발견하기 어렵게 만든다. 불평등 없는 세상을 희망하는가? 그렇다면 '공정한 시험이란 존재하지 않는다'는 말을 도발적이라고 생각해서는 안 된다.

⑦ 무탈한 사회를 위해 묻다

▶ 중증외상센터를 구축하는 데 힘써 온 이국종 의사가 해적에게
납치되었다가 구출된 선장을 치료하면서(일명 '아덴만 여명 작전')
언론의 조명을 받자, 다른 의사가 이렇게 볼멘소리를 했다. "지잡
대' 병원에서 별것도 아닌 환자를 데려다 쇼를 한다."
한국 사회에서 지방대는 실패, 낙오, 결핍을 상징한다. 교육 현장
에서 '나중에 이상한 대학 갈래?'라는 협박이 끊임없이 들려오는
이유다. 격려를 빙자한 혐오와 차별은 어떤 식으로 이루어질까?
그리고 이게 왜 문제일까?

▶ 요즘에는 초등학생 때부터 '수포자'가 생긴다고 한다. 조기교육
이 일상화되고 예전보다 학원도 많아졌는데, 왜 이른 시기부터
공부를 포기하는 아이들이 많아졌을까? 경쟁이 치열해지면서
자신이 무엇을 잘하고 못하는지 의식하는 시기도 빨라졌기 때
문일 거다. 가능성이 무한히 열려 있는 분위기라면 배움 자체를
즐길 수 있겠지만, 못한다고 면박을 받는 경우가 잦아지면 지레
포기하는 일이 많아진다. 경쟁적인 분위기와 시험은 개인에게,
특히 초등학생에게 어떤 영향을 미칠까?

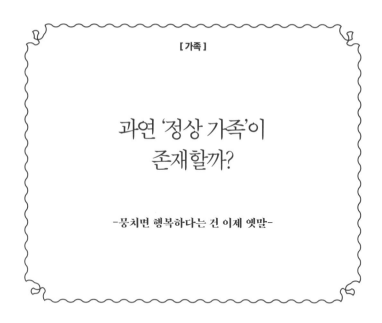

[가족]

과연 '정상 가족'이
존재할까?

-뭉치면 행복하다는 건 이제 옛말-

⚖ 무탈한 사회를 고민하다

'남녀의 뇌는 다르게 진화했다.' 2020년 5월, 교육부가 이런 주제의
카드 뉴스를 SNS 부모 교육 콘텐츠에 올렸다. 이 카드 뉴스는 '왜
아빠는 엄마처럼 공감을 잘하지 못할까.'라는 물음에서 시작한다.
진화 과정에서 남자와 여자의 뇌가 달라졌다는 내용이었다. 여자
의 뇌가 육아를 위해 공감과 의사소통에 유리하도록 진화한 반면
에, 남자의 뇌는 생존경쟁을 위해 논리적 이해력이 발달하도록 진
화했다는 것이다. 이 카드 뉴스를 두고 성차별적인 내용을 담고 있

다는 논란이 벌어졌다. 모바일 기사를 읽던 직장인 이진호 씨와 그의 아내 김진화 씨의 생각은 달랐다.

이진호(남자는 다를 수 밖에 없다는 워킹 파파)

"이 카드 뉴스가 왜 논란이 되는지 모르겠어. 아빠가 엄마보다 집안일에 서툴고 공감 능력이 부족하더라도 노력하는 모습을 좋게 봐달라는 뜻이잖아. 그리고 뇌의 진화는 과학적으로 검증된 사실 아니야? 남자가 경쟁 사회에서 살아남도록 진화되었다니 공감이 가는걸."

김진화(육아에 적절한 성별은 있을 수 없다는 워킹 맘)

"남자의 뇌가 경쟁 사회에서 살아남는 데 집중하도록 진화했으니, 가정에 소홀해도 이해하라는 말을 다른 곳도 아닌 교육부가 하다니! 정말 시대착오적이야. 가정 안에서 남녀 역할이 태초에 정해져 있다는 말을 요즘에도 들어야 한다니 비극이군."

'화목한 가정', 지겹도록 들었던 말이다. 사회는 무작정 '가정은 화목해야 한다'고 하는데, 과연 긍정적인 효과만 있을까? 보통의 평화로운 가정을 떠올려 보자. 구성원들이 성별

분업에 충실히 합의한 모습이 그려진다. 아빠와 엄마의 임무가 분담되고, 아들과 딸의 역할이 구분되어 있다. 이런 가정에서는 누군가를 위한 다른 이의 희생이 당연시될 수밖에 없다.

남자와 여자의 뇌가 다르게 진화했다는 진화 심리학 이론은 학계에서 논란이 많다. 남녀의 차이를 인정한다고 해도, 그 타고난 차이를 어디까지 인정해야 하는지를 두고 논란은 계속된다. 또한 남녀의 격차 때문에 성별 역할을 무 자르듯 구분해야 한다는 주장에 대해서도 동의하기 어렵다. 지금이 창 들고 매머드를 잡는 시대는 아니니까.

오랫동안 인류는 가족 공동체의 힘으로 생존해 오면서 '정상 가족' 고정관념을 형성했다. 그리고 수많은 개인들이 정상적으로 보이지 않는다는 이유로 차별을 받았다.

이런 게 '정상 가족'이라고?

삼십 대 후반인 박지수 씨는 어머니를 만날 때마다 마음이 불편하다. 칠십 대 어머니가 여전히 자신을 아이처럼 취급하기 때문이다. 어머니는 부모의 자식 사랑이라고 하시지만, 지수 씨는 그렇게 생각하지 않는다. 대학교에 진학할 때도, 취업할 때도, 심지어 연애할 때도 조언을 가장한 간섭을 일삼는 어머니가 항상 불편했다. 지수 씨가 새로운 가정을 꾸리고 아이를 낳아도 달라지지 않았다. 어머니는 마치 심사 위원처럼 지수 씨의 육아를 평가하려 했고, 그럴 때마다 지수 씨의 스트레스는 커져 갔다. 따져 봤자 돌아오는 대답은 "부모가 이런 말도 못 해?"라는 한탄과 한숨뿐이었다.

지수 씨에게는 상처가 있다. 가족이라 어쩔 수 없다고 여기며 지금껏 살아왔지만, 시간이 흐른다고 몸과 마음에 새겨진 상처가 사라지는 건 아니었다. 지수 씨는 초등학교 때까지 여러 이유로 회초리를 맞았다. '사랑의 회초리'라고 하지만, 그건 때리는 사람의 입장일 뿐이다. 규칙을 어겼을 때만 정당한 체벌을 한다지만 그게 맞는 사람하고 합의된 기준이겠는가. 어느 날은 말을 잘 안 들었다고 맞았고, 또 어느 날은 말을 또렷하게 안 했다고 맞았다. 매질이 오가는 시간과 공간에 따뜻함이 있겠는가. 어머니의 입에서 나온 험악한 소리들과 협박이나 다름없는 훈계가 지수 씨를 괴롭혔다. 그렇게 괴롭힘당하면서 단 한 번도 '반성'이란 감정을 느껴 본 적이 없다. 육체의 아픔을 일단 모면하기 위해 구석에 몰린 쥐처럼 빌어야 했던 수치심이 그 순간을 지배했고, 이 감정은 좀처럼 기억에서 사라지지 않았다. 지금도 지수 씨는 '사랑의 매'라는 말을 제일 싫어한다.

잊어 보려고 노력했지만 허사였다. 성인이 되었다고 당시의 아픔이 무슨 컴퓨터처럼 포맷이 되겠는가. 오히려 자녀가 다 컸음에도 여전히 반성하지 않는 어머니의 모습에 더 화가 났다. 사과까지는 바라지도 않았다. 그저 체벌이 틀렸다고 인정하는 모습만 보였어도 지수 씨의 마음이 풀렸을지도 모른다. 그러나 어머니는 본인의 엄격한 교육 덕택에 딸이 좋은 대학에 갔다고 믿는다. 지수 씨는 전혀 동의하지 않지만, 솔직한 마음을 조심스레 말하면 어머니는 화를 낸다. "너, 무슨 말을 그렇게 하냐. 가족끼리 섭섭하게." 어머니를 보면 지수 씨는 가슴이 답답하다. 심한 말로, 누가 먼저 죽지 않는 한 이 상황이 끝날 것 같지 않다.

어머니한테 화라도 내 볼까 생각한 적은 있다. 그러면 마음속 불편함이 조금 사그라들 수도 있을 것 같았기 때문이다. 그러지 못한 이유가 있다. 바로, 어머니 본인이 '가족'이라는 말에 가장 짓눌려 살아온 피해자이기 때문이다. 가부장적인 집안에 시집을 온 어머니는 여러 억압을 당연하게 받아들여야만 했다. 남편과 자녀를 위해 희생하는 것 외에는 존재를 증명할 방법이 없었다. 그 모습을 바로 옆에서 지켜본 지수 씨는 '왜 나를 소유하려고 하느냐!' 따위의 말로 어머니에게 상처를 줄 수 없었다.

지수 씨의 문제가 가벼운 건 아니었지만, 상대적으로 어머니의 삶이 너무 무거웠다. 어머니는 단 한 번도 자신의 이름으로 불리지 못했다. 누군가의 며느리, 아내, 엄마였을 뿐이다. 외로움 속에서도 어머니는 가족을 바라보며 삶을 지탱했다. 어머니에게는 자신의 노력으로 가정이 '정상적'으로 유지되고 있다는 믿음이 있었다. 도대체 정상 가족이란 무엇일까? 어머니 입장에서는 이런 식이다.

집안의 가장은 남편이다. 아내는 남편을 내조하고 자녀들 교육에 힘써야 한다. 자녀들은 때가 되면 결혼해야 한다. 출산은 당연한 거다. 그리고 이혼은 절대 안 된다. 동네 망신인 데다 자식들을 아버지 없이 키워서는 안 되기 때문이다.

협상의 여지는 없었다. 지수 씨가 결혼에 관심이 있든 없든, 아이를 낳고 싶어 하든 말든 어머니는 신경 쓰지 않았다. 지수 씨는 가족을 위해 가장 희생한 엄마에게 '가족이라는 이유로' 끊임없이 간섭받는 어른인 셈이다.

그런데 곁에서 보기에 지수 씨 가족은 매우 사이가 좋다. 주변에서도 참으로 사이 좋은 가족이라고들 칭찬이 자자하다. 실제로 모범 가족 상을 받은 적도 있다. 상패에 적힌 문구는 이러했다. '아빠는 아빠답게, 엄마는 엄마답게, 아들은 아들답게, 딸은 딸답게.' 사회가 바라는 잣대에 맞춰 충실히 살아가며 겉으로는 끈끈해 보이는 가족이었다. 이 가족 안에서 진짜 무슨 일이 벌어지고 있는지는 철저히 감춰졌다.

미혼모가 입양을 선택할 수밖에 없는 이유

가족을 정상과 비정상으로 나눌 수 있을까? 평등과 정의의 가치를 지향하고 차별과 혐오에 예민한 구성원들이 모인 가족을 정상 가족이라고 규정한다면 무슨 문제겠는가. 실제 이미지는 이와 무관하다. 많은 이들이 남녀가 혼인해 자녀를 출산하여 살아가는 가정을 '정상 가족'의 대표적인 이미지로 떠올린다. 개인의 선택에 옳고 그름의 잣대를 들이댄 것이다. 그러면서 여기에 부합되지 않은 부류를 비정상으로 규정한다. 가족 내부에서는 '모름지기 사람이라면 이렇게 해야지!'라는 말과 함께 가족 구성원을 억압하고, 외부적으로는 '저런 가족은 정상이 아니지!'라면서 다른 가족의 형태를 차별하기도 한다.

예전에는 결혼하지 않거나, 혹은 결혼했어도 출산에 관심이 없으면 다 비정상 취급을 받았다. 여전히 결혼 적령기라는 말은 살아남았다. 삼십 대가 넘어서면 여기저기서 좋은 소식 없냐는 핀잔을 듣기 일쑤다. 예능 프로그램 〈미운 우리 새끼〉나 〈나 혼자 산다〉 등을 보면 혼자 사는 연예인들의 부모님들이 자식의 결혼 문제를 자주 화제에 올리는 모습이 보인다. 더 늦기 전에 자녀가 결혼하는 것을 인생 최대의 과제로 여기는 듯하다. 이처럼 결혼과 출산을 정상이라고 보는 풍토가 지금도 남아 있지만, 다행히 인식 변화가 일어나고 있다는 신호가 곳곳에서 감지된다. 의무처럼 여겨졌던 결혼과 출산을 여러 이유로 기피하는 사람들이 많아지면서, 고정관념도 서서히 깨지고 있다. 결혼과 출산을 거부하는 행동은 정상 가족이라는 굴레에 갇히지 않겠다는 선언이라며 긍정적인 평가를 받기도 한다.

그러나 결혼하지 않은 상태에서 출산을 한 사람을 비정상으로 바라보는 편견은 매우 견고하다. 이를테면 미혼모('비혼모'로 불러야 한다는 주장도 있다) 말이다. 미혼모는 출산을 하든 말든, 양육을 하든 말든 욕을 먹는다. 한국에서 결혼하지 않은 여성이 임신을 하면 주위에서 성생활이 문란하다면서 수군댄다. 이런저런 이유로 낙태를 하면 생명을 천시하는 사람이라고 손가락질받는다. 출산을 하면 도대체 어떻게 기를 거냐, 생각이 있느냐는 쓴소리를 들어야 한다. 혼자서 키우겠다고 하면 아이 인생을 망치는 이기적인 사람이라고 한다. 왜 욕을 엄마'만' 먹어야 하는지 이 사회는 따지지 않는다.

미혼모가 할 수 있는 최선의 선택은 아이를 입양시키는 거다. 이 선택에도 핏줄을 버렸다는 꼬리표가 따라붙지만, 미혼모에서 '모(母)'를 삭제하여 다시 일상으로 돌아갈 수 있는 유일한 방법이기 때문이다. 미혼모를 보는 혐오의 시선 때문에 입양만이 제일 나은 해결책이 된 상황이다. 보건복지부 통계에 따르면 2018년도에 국내외로 입양된 아이 중 90%가 미혼모의 자녀였다. 씁

게 말해, 한국에서 결혼도 하지 않고 아이를 갖게 되면 대부분이 낙태를 선택하고, 낳았다 하더라도 대부분이 양육을 포기한다는 말이다.

경제적인 어려움 속에서도 어떻게든 아이를 키우는 미혼모가 처한 현실에 대해 들어 보면 정말 놀랍다. 회사 면접 도중 면접 관이 미혼모인 지원자에게 '가치관이 이상한 사람을 뽑을 수 없다'는 말을 한 적이 있다고 한다. 유치원에서 아이의 엄마가 미혼모라는 게 알려지자 다른 부모들이 '이상한 사람의 자녀와 우리 애가 함께 지낼 순 없다'고 항의해서 쫓겨난 적도 있다. '고아 수출국'이라는 오명의 책임을 미혼모에게 전가해서는 안 된다. 미혼모의 가정을 향해 정상적인 가족 형태가 아니라면서 낙인 과 배제를 일삼는 수많은 사람들의 비정상적인 태도 때문이라 는 점을 잊지 말자.

'가족'의 이름으로 차별하고 혐오하다

정상 가족의 신화 중 가장 굳건한 것은 결혼이 남자와 여자의 사랑으로 완성된다는 인식이다. 이성애만이 결혼의 전제라는 고 정관념의 두께만큼 한국에서는 동성애, 나아가 동성 결혼을 대 하는 태도가 매우 폭력적이다. '이성 교제'라는 말이 익숙한 사 람들은 동성끼리의 사랑을 '비정상'이라 규정하며 잔인하게 공격한다.

　우리 사회에서 남자다움, 여자다움에 대한 생각은 매우 견고하다. 사람이라면 이성에게 매력을 발산하는 게 타고난 본성인 것처럼 규정한다. 이 기준을 자연적 질서처럼 규정한 대중은 타인의 일상 속 세세한 부분까지 간섭한다. 육아를 소재로 하는 예능 방송에서 남자아이가 '남자다운' 행동을 하지 않으면 시청자 게시판에는 걱정이 된다는 글이 올라오고, 아이 부모의 SNS에는 자녀 교육을 똑바로 해야 한다는 이상한 조언이 가득하다. 남자아이가 '여성스럽'거나, 여자아이가 '남성스러'울 때 그 강도는 훨씬 세다. 심지어 전문가라는 사람이 해당 방송에 나와 연예인 아빠에게 '정상적으로' 딸아이 키우는 방법이나 남자아이가 '정체성'을 지켜 가며 성장하기 위해서 고려해야 할 점 등을 알려 주기도 한다. 씩씩한 남자아이, 애교 많은 여자아이는 너무나 당연히 정상으로 분류된다.

　가족이란 말이 지나치게 부유하는 곳에서는 차별과 혐오를 드러내고 방관하는 사람들이 많다. 언젠가 내 딸은 유치원 발표회에서 신랑 신부 역할이 남녀로 구분되는 모습을 보고, '다른 나라에는 남자가 남자랑, 여자가 여자랑 결혼하기도 한다'고 별 뜻 없이 말한 적이 있다. 아무 생각 없이 했던 이 말에 유치원이 벌컥 뒤집어졌다. 딸의 말은 문제 발언이 되었고, 학부모의 거센 항의를 받았다. 부모인 내가 엄청난 질책을 받은 것은 물론이다. 성 소수자에 대한 혐오를 비판한 나의 칼럼을 문제 삼는 학부모들의 항의 전화로 인해 예정된 고등학교 특강이 취소된 적도 있다. 왜 학교가 가족의 가치를 파괴하는 사람을 강사로 초대하냐는 것이었다. 여기에는 대한민국 공교육이 이른바 '정상 가족'을 사수하고 고수해야 한다는 논리가 깔려 있다. 다른 나라는 어떨까? 미국의 연방 대법원은 동성 결혼 합헌 판결문에서 동성 결혼이 '전통을 존중하지 않는다'는 오해에 대해 이렇게 항변한다. "그들은 결혼을 존중하기 때문에, 스스로 결혼의 성취감을 이루고 싶을 정도로 결혼을 깊이 존중하기 때문에 청원하는 것이다." 가족을 꾸려 인간이 행복해진다면 그 선택을 할 권리는 누구에게나 있다는 취지의 판결문이다.

전통적인 가족 형태가 나쁘다는 말을 하려는 게 아니다. 오랫동안 효율적으로 가족 공동체를 꾸리면서 터득하게 된 나름의 보편적인 정서를 틀렸다고 말할 생각은 없다. 인류가 오랜 시간 동안 핏줄을 통해 형성된 사람들끼리 뭉쳐야만 생존이 가능했던 사실을 부정하지는 않는다. 그러나 하나의 가족 형태를 마치 자연적 질서처럼 포장해서 가족 울타리 너머의 사람들에게도 자기들의 도덕적인 잣대를 들이대는 가족주의는 결코 옳지 않다.

가족밖에 없다, 가족만이 내 편이라고 한다, 의지할 곳은 가족뿐이다 등의 말은 개인이 기댈 만한 사회적 자원이 없기에 설득력을 지닐 뿐이다. 한국의 경우 유교적 사고방식이 강하게 뿌리내린 데다가, 일제강점기와 전쟁, 보릿고개 등을 겪으며 가족이 뭉쳐야만 살아남는 상황이 지속되었다. 이후 인권이 배제되고 사회 안전망 구축이 부실한 가운데 경제성장이 급속하게 이뤄지면서, 가족 단위로 똘똘 뭉쳐야만 빈곤에서 탈출할 수 있음을 경험한 이들이 많았다. 국가가 개인을 보호하지 않는 사회에서 사람들은 가장 안정적인 방법으로 위기를 헤쳐 나가려고 한다. 혼자보다 아는 사람들끼리 뭉치는 게 낫고, 여자보다 남자가 돈을 버는 게 훨씬 효율적이다. 그러니 어차피 될 사람을 밀어주는 것이다. 기존의 관습을 따지는 건 위험한 돌발 행동일 뿐이기에 모두 침묵한다. 이 기간이 길어지다 보니 '사람이라면' 원래부터 그렇게 생각하고 행동하는 게 당연하다고 여겨지게 된다.

　법과 제도 또한 가족주의의 영향을 받아 구축되었다. 한 연예인이 스스로 목숨을 끊자 오래전에 가족을 버린 부모가 나타나 재산을 상속받겠다고 찾아왔다는 이야기가 종종 들리는 이유는 무엇일까? 자녀의 양육 의무를 오랜 시간 동안 다하지 않은 부모라도 현행법에 따르면 재산 일부를 상속받을 수 있기 때문이다. 법이 당사자가 원하든 말든 가족끼리의 굳건한 연결을 보장하고 있는 것이다. 이런 사례도 있었다. 여자 친구를 폭행하여 죽이고 나서 시체를 암매장했는데, 가해자에게 선고된 형량은 고작 3년이었다. 이유는, 피해자의 아버지가 가해자에게 돈을 받고 합의를 했기 때문이다. 문제는 이 아버지가 피해자와 사실상 남남이라는 데 있다. 아버지는 피해자가 어릴 때 이혼을 하면서 양육을 포기했다. 딸이 실종된 4년의 기간 동안 아무 관심도 없을 정도였다. 하지만 재판부는 이런 아버지에게 가해자를 용서할 권리가 있다고 보았다. 단지 생물학적 아버지일 뿐인데도 말이다.

정상 가족은 없다

일상 곳곳에서 정상 가족 패러다임을 벗어난 경우를 만나기는 어렵다. 유치원이나 초등학교에서는 정상 가족을 전제로 교육 내용이 구성되는 경우가 허다하다. 과거처럼 '아빠가 출근할 때', '엄마가 안아 줄 때' 뽀뽀하자고 대놓고 노래하지는 않지만 그렇다고 크게 달라지지도 않았다. 교과서에 등장하는 가족은 여전히 (무조건 젊은) 아빠, (예쁘고 날씬하기까지 한) 엄마, 그리고 (씩씩한) 남자아이와 (귀여운) 여자아이로 구성되는 형태에서 크게 벗어나지 않는다. 이런 바탕에서 학부모 참관수업이나 교사와의 상담이 이뤄지고 있는데, 정상 가족의 범주에 있지 않은 사람들이 상처를 받는 경우가 많다.

내 가족이 행복하길 바라는 이들이 많을 것이다. 그렇다면 다른 가족도 행복해야 하지 않을까? 가족의 진정한 의미에 대해 한번 돌아보자. 서로 존중하는 관계, 이게 가족을 설명할 첫 번째 조건이지 않을까? 또한 가족 안의 누구라도 존중받고 존엄하게 살 수 있는 공간을 함께 만들어 나가야 진정한 의미에서의 화목한 가정을 이룰 수 있다. 더 이상 가족이라는 이름 아래 차별과 혐오를 당연시해서는 안 된다.

❓ 무탈한 사회를 위해 묻다

▶ 2020년 5월, 법무부 산하 '포용적 가족 문화를 위한 법제개선위원회'는 자녀가 아버지 성씨를 따르게 하는 기존의 민법을 개정하라고 정부에 권고했다. 원래는 부모가 혼인신고 할 때 협의했거나, 아버지를 알 수 없는 경우를 제외하고는 자동적으로 부성을 따르게 되어 있다. 이번 개정은 과거의 호주제 폐지와 비슷한 맥락의 제도 개선이라고 볼 수 있다. 부성 우선주의라는 고정관념에 점차 균열이 일어나고 있는 것이다.

여전히 남아 있는 '가족이라는 이름의 불평등'에는 어떤 것들이 있을까?

▶ 가족주의의 여러 문제 중 하나는, 자녀에게서 발생하는 일의 책임을 부모에게 가혹할 정도로 묻는다는 것이다. 아이에게 사고가 나면 부모가 제대로 보호하지 못했다거나, 교육이 엉망이라서 그렇다는 비난이 쏟아진다. 이런 사회적 분위기에서는 아이를 보호하고 교육하는 부모의 역할이 더욱 중요시되기 때문에, 부모 중 누군가는 사회생활을 포기하고 육아에 전념하게 된다. 가족을 위해서 개인의 희생이 정당화되는 사례에는 또 어떤 것들이 있을까?

이 세상 모든
존재에 대해
예의가 필요하다

[동물]

동물에게는
권리가 없을까?

-살아 있는 모든 것에 대해 예의가 필요하다-

🔻 무탈한 사회를 고민하다

2018년 9월, 대전의 한 동물원에서 퓨마가 탈출한 일이 있었다. 이름이 '호롱이'였던 퓨마는 신고 4시간 만에 동물원 구석진 곳에서 발견되었는데, 결국 사살되고 말았다. 사람들은 평생 야생의 땅을 밟아 보지 못한 채 동물원에서 태어나고 죽은 호롱이의 일생을 안타까워했다. 일부는 동물원 폐쇄를 요구하는 국민 청원을 올리기도 했다. 스마트폰으로 국민 청원이 올라온 것을 살펴보던 지혜가 평소 유기견 봉사를 하는 친언니 영미에게 말을 걸었다.

이지혜(동물원이 왜 문제냐는 고등학생)

"퓨마의 죽음은 안타깝지만, 동물원을 없애자는 청원에는 공감이 안 가. 동물원 측에서도 처음에는 퓨마를 포획하려고 했지만 일몰이 돼서 너무 위험한 상황이었다고 해. 설사 그 과정에서 실수가 있었다고 해도 아예 동물원 문을 전부 닫자니, 이건 자동차 사고 난다고 자동차를 다 없애자는 말과 다를 게 뭐야?"

이영미(동물원이 불편하다는 고등학생·유기견 봉사자)

"동물원이 지나치게 사람 중심이라는 점에 문제를 제기하는 청원이라고 봐. 지금의 동물원은 동물의 복지나 권리를 조금도 생각하지 않는 것 같아. 이번 퓨마 사건 때도 동물원이 제대로 대처했다면 충분히 생포할 수 있었을 거야. 동물원 자체에 대해서 생각해 볼 시점이 됐지. 이제는 전시된 동물을 보고 좋아하는 시대는 지났다고 생각해."

약 2,400년 전, 그리스의 철학자 아리스토텔레스 Aristoteles는 '동물은 이성이 없는 열등한 존재'라 했다. 약 400년 전, 프랑스의 철학자 데카르트 Descartes는 '동물은 반응할 뿐 의식하지 못한다'면서 행복은 인간의 고유한 감정이라고 했다. 인류는 오랫동안 동물을 인간의 생각대로 판단하고 대했다. 그런데 100년 전, 인도의 민족 해방 지도자 마하트마 간디Mahatma Gandhi는 말한다. "한 국가의 권위는 그 나라가 동물을 다루는 방법으로 판단할 수 있다."

동물을 바라보던 기존의 세계관에 금이 가기 시작했다. 1983년, 미국의 동물 운동가 알렉스 허쉐프트Alex Hershaft는 간디의 생일 10월 2일을 '세계 농장 동물의 날(World Farm Animals Day)'로 지정했다. 오늘날에는 세계 100여 개 나라에서 채식을 실천하면서 이날을 기념하고 있다. 이렇게 동물을 바라보는 시각이 바뀌고 있는데, 동물원이라고 예외겠는가?

코끼리는 왜 한 발로 서 있어야 할까?

영미는 제주도로 수학여행을 가야 할지 말아야 할지 고민했다. 표면적인 이유는 몇 주 전 학급 회의 시간에 친구들과 서먹해진 일 때문이다. 반별 자유 일정으로 진행되는 수학여행 날의 여행 세부 코스를 짜는 회의에서, 영미는 다수결로 결정된 사항에 반대했다. 친구들과 어색해지고 싶지는 않았지만 어쩔 수 없었다. 영미가 다수결에 반대한 이유는 '돌고래 먹이 주기 체험'을 한 뒤에 '코끼리 서커스 공연'을 보고, '조류가 전시된 곳'에 가는 일정이 너무나 싫어서다.

영미는 예전부터 동물 복지에 관심이 많았다. 동물의 삶과 행복에 대해 관심을 갖게 된 계기가 있다. 2010년에 미국 해양 테마파크 '씨월드'에서 범고래 '틸리쿰'이 공연 도중 22년 경력의 베테랑 조련사를 공격하여 사망하게 했다는 뉴스를 보고 나서다. 다큐멘터리 영화 〈블랙 피쉬〉는 틸리쿰이 왜 살인을 저지르게 됐는지를 파헤친다. 유튜브에서도 이 사건을 쉽게 찾아볼 수 있다.

틸리쿰은 1983년에 아이슬란드 근해에서 포획된 뒤로 좁은 수조에 갇혀 인간에게 조련을 '당했다'. 몸길이 7미터에 달하는 범고래가 지름 10미터짜리 콘크리트 수조에서 살아야 했으니 스트레스가 어마어마할 수밖에 없었다. 인명 사고도 여러 번 있었지만, 그때마다 틸리쿰은 다른 동물원으로 팔려 가서 다시 쇼에 등장했다. 재주 부리는 범고래를 보며 사람들은 인간과 교감을 할 줄 아는 동물이라고 감탄했다. 틸리쿰이 무려 16년 동안 매일같이 함께한 씨월드의 조련사를 공격하리라고는 생각도 못 했을 것이다. 영미는 이 사건을 통해 동물의 자유를 빼앗아 인간을 즐겁게 하는 형태의 교감은 존재하지 않는다는 사실을 뼈저리게 느꼈다.

동물에 관심을 갖게 된 이후로 영미는 유기견·유기묘 센터에서 봉사 활동을 했다. 열악한 환경의 동물원에서 스트레스를 받는 동물들의 모습을 직접 촬영해 UCC 공모전에 응모한 적도 있다. 이런 영미에게 '자연과 하나 되는 힐링 캠프'라는 이름을 내건 수학여행에서, 억지로 훈련받은 돌고래와 코끼리의 전혀 자연스럽지 않은 모습을 보는 일은 상상만으로도 끔찍했다. 최소한 학교에서 이런 식의 동물 체험과 관람을 장려해서는 안 된다는 생각이 들었다. 영미는 회의 시간에 격앙된 목소리를 숨길 수 없었다.

"시대의 흐름에 역행하는 수학여행을 반대합니다!"

하지만 친구들의 반응은 싸늘했다. '진지충이냐?', '왜 혼자 유난을 떠느냐', '다수결의 결정을 따라야지' 등의 비아냥거림이 여기저기서 이어졌다. 영미는 물러서지 않았다. 해외에는 동물 보호법이 있어서, 동물을 이용한 상업 행위를 하면 처벌받는 경우도 있다고 친구들을 설득했다. 그러자 누군가 큰 소리로 말했다. "그렇게 동물을 사랑하면 고기도 먹지 말아야지! 자기는 돼지고기, 소고기 다 먹고 치킨이라면 사족을 못 쓰면서 혼자 착한 척은 다 한다니까."

영미는 입을 다물었다. 고기를 먹는 자는 동물에 대해 말하지 말라는 황당한 분위기를 깰 자신이 없었다. 결국 억지로 수학여행을 갔다. 눈으로 직접 본 동물들의 모습은 끔찍했다. 돌고래는 일반적인 수영장 크기의 작은 공간을 힘겹게 오가며 조련사의 신호에 맞춰 뛰어올랐고, 사람들은 손뼉 치며 환호를 보냈다. 체험 활동은 잔인했다. 줄을 서서 수심 1미터 정도의 물 안으로 들어갔더니, 그 앞에 돌고래가 배를 보이며 누워 있었다. 사람들이 배를 만져 주자 돌고래는 강아지 울음소리를 냈다. 분명 괴로워하는 소리였는데 조련사는 소통하는 중이라 했다. 수십여 명의 손길을 참아 내는 돌고래에게 작은 물고기가 보상으로 주어졌다. 오로지 인간의 즐거움을 위해, 동물들은 자연에서 하지 않는 행동을 해야만 했다. 이런 말도 안 되는 행사가 '인간과 동물이 교감하는 생태 설명회'라는 이상한 이름으로 포장되어 있었다.

코끼리 서커스도 경악스러웠다. 거대한 짐승이 한 발을 반복해서 들며 바나나를 얻어먹었다. 심지어 코로 농구를 했다. 이를 자연스럽게 익히기까지 '조련'이라는 이름으로 동물들에게 얼마나 큰 고통이 가해졌을지 불 보듯 뻔했다. '새들의 낙원'이라는 현수막이 걸린 조류 체험장은 어땠을까? 묶여 있는 새들에게 자유 따위는 없었다. 안전을 위한 조치를 했다는데, 어이없는 건 태어날 때부터 이 상태였기 때문에 별문제가 안 된다는 관계자의 설명이었다. 사람들의 구경할 욕심으로 동물이 본성마저 잃고 있으니 안심이라도 해야 할까? 침울한 영미를 보고 담임교사는 이렇게 위로했다.

"너무 심각하게 생각하지 말고 그냥 즐겁게 보렴. 솔직히 인간이 동물을 이렇게 대하는 게 하루이틀도 아닌데, 혼자 고민한다고 해서 해결될 일도 아니잖아."

왜 고기는 잘 먹으면서 동물 보호를 외치냐고?

동물에 관한 우리들의 인식은 어떨까? 예전보다 관심이 커진 듯해도 일시적인 경우가 많다. 개가 차에 묶여 끌려가는 사진이 인터넷에 뜨거나, 인간의 손에 의해 잔인하게 죽은 길고양이 모습이 SNS에서 화제가 될 때만 사람들은 화를 낸다. 하지만 논의가 한 걸음 더 나아가면 '먹고살기도 바쁜데 어떻게 동물한테까지 신경 쓰냐'면서 손사래를 친다. 특히 '동물권'이나 '동물 복지'와 같은 (아직 정확한 뜻이 합의되지도 않은) 생소한 단어가 등장하면, 낯설음의 크기만큼 매우 냉소적으로 반응한다. 사람도 존엄성을 지키기 힘든데, 동물의 권리니 복지니 운운하는 건 너무 감상적이라고 지탄하기도 한다.

식용 개의 비윤리적인 도살을 문제 삼으면 소·돼지·닭 같은 농장 동물은 불쌍하지 않느냐고 한다. 그래서 농장 동물이 제대로 사육되고 있는지 따져도 생산적인 대화가 이어지지는 않는다. 영미처럼 '너는 고기 안 먹어?'라는 핀잔을 듣기 일쑤다. 얼마 전 강원도 화천의 산천어 축제를 환경부 장관이 비판하자, 지역에 거주하는 유명 소설가는 '축제장에 가 보지도 않은 무책임한 발언'이라며 목소리를 높인 적이 있다. 그는 닭·돼지·소 등은 아무런 고통의 과정을 거치지 않고 기쁨에 겨운 상태로 우리 식탁에 오르는 것이냐고 항의하며, 지역 경제를 살리고자 애쓰는 주민들에게 상처를 주지 말라고 당부했다. 이렇듯 이것도 생명이고 저것도 생명인데 일부 동물의 고통만을 걱정하는 건 차별이라는 식의 논리는 논의를 한 발도 더 나아가지 못하게 막는다.

동물의 복지를 위한다고 해서, 어떤 동물에게도 손끝 하나 대서는 안 된다는 말이 아니다. 모두가 채식주의자가 되자는 주장도 아니다. 그보다 동물을 대하고 가축을 다루는 방식이 더 나아질 수 없는지 고민하자는 거다. 인간은 오랫동안 동물을 식용으로 취해 왔지만, 지금의 방식으로 가축을 다룬 지는 불과 200여 년도 되지 않았다. 산업혁명 이후 소·돼지·닭들은 비용 절감과 이윤 증대를 이유로 공장식 축산의 희생양이 되었다. 우리나라에서는 넓은 공간에서 자유롭게 풀을 뜯으며 살아가는 가축을 찾아보기 힘들다. 동물들은 비좁고 비위생적인 장소에서 항생제 주사를 맞아 가며 원래 자기 수명보다 훨씬 짧은 생애를 보낸다. 초식동물인 소는 억지로 곡물을 먹으면서 몸집을 불리는데, 이는 기름기 있는 고기를 좋아하는 사람들의 입맛에 맞추기 위해서다. 돼지는 평생을 '스톨'이라 불리는 철제 우리에 갇혀서 뒤로 한 번 돌아보지도 못하고 살아야 한다. 닭 한 마리에게 허락

된 공간(케이지)은 A4용지 크기도 되지 않는다. 그래서 아예 처음부터 부리를 잘라 버려 서로를 쪼지 못하도록 한다.

그나마 다행인 것은 조금씩 개선이 될 조짐이 보인다는 거다. 어미 돼지를 스톨 안에 가두는 기간을 제한하자는 논의가 진행 중이고, 닭 한 마리당 보장되어야 할 최소 공간도 아주 약간 커졌다. 미흡하지만, 사람들의 인식이 조금씩은 변하고 있다.

인간을 위해 동물을 아무렇게나 다뤄도 될까?

유럽의 몇몇 나라는 스톨 및 케이지 사육을 금지했다. 아르헨티나 법원은 동물원에서 학대받는 침팬지에게 '구금되지 않을 법적 권리'가 있다는 판결을 내렸다. 실제로 침팬지에게 인격권을 부여해야 한다는 소송이 이루어진 적도 있다. 이 소송 과정이 다큐멘터리 영화 〈철장을 열고〉(2016, 펜네 베이커 감독)에 잘 담겨 있는데, 여기서 동물 권리 변호사 스티븐 와이즈Steven Wise는 '지금은 아니더라도 언젠가는 동물에게 인간과 같은 권리가 있음을 깨닫게 될 것'이라며 세상에 소리쳤다. 그런가 하면 미국 캘리포니아주에는 고용주가 노동자를 고용할 때 지켜야 할 최소한의 규칙이 있듯이 가축에게도 최소한의 공간을 의무적으로 보장해야 한다는 법률이 있다.

한국은 갈 길이 멀다. 축산업의 경제적 측면을 고려하면 현재 시스템을 유지할 수밖에 없다는 주장이 우세하다. 하지만 지금 상태에서 조류 독감이나 구제역 등의 전염병이 발생하면 난리가 난다. 실제 발병 여부와 상관없이 수십만 마리의 동물이 생매장당하는데, 그저 모여 있다는 이유만으로 살처분되는 실상은 공장식 축산의 한계를 선명하게 보여 준다. 살처분을 할 때는 이를 행하는 사람도 엄청난 트라우마에 시달린다.

전국 곳곳에 우후죽순 늘어난 동물 축제도 다르게 접근해 볼 필요가 있다. 지역 경제에 도움이 되는데 무슨 문제냐고? 축제를 통해 돈만 벌면 동물을 아무렇게나 다뤄도 될까? 한 대학의 연구에 따르면, 전국의 동물 축제에서 진행된 129개 프로그램 중에서 동물에게 죽음과 비견할 만한 고통을 주는 경우가 무려 108개(약 84%)나 되었다. 물고기는 고통을 느끼지 못하니 산천어 축제 정도는 괜찮다고 생각하는 사람도 있지만, 최근에는 물고기도 고통을 느낀다는 연구 결과가 많이 나와 있다. 그리고 고통을 느끼는지 아닌지는 문제의 본질이 아니다. 산천어와 송어를 맨손으로 잡는 일과 자연과 하나 됨은 아무런 상관이 없다. 가족끼리 추억을 쌓을 수 있는 지역 축제는 당연히 필요하지만, 그 도구가 동물이라는 것을 당연히 받아들여선 안 된다.

도시에 있는 카페에서 왜 미어캣과 라쿤을 전시하고 사람들이 먹이를 주는 체험을 하는가? 왜 아이들이 거북이 등 위에 올라타도록 허용하는가? 왜 사육사는 뱀을 몸에 칭칭 감고 관람객을 상대하는가? 돈만 내면 아무런 문제가 없는 걸까? 동물원도 그렇다. 최근 동물원은 시멘트 바닥을 걷어 내고 동물 친화적인 환경을 조성하기 위해 노력한다고 한다. 하지만 북극곰이 우리나라에서 여름을 지내는 자체가 이미 난센스 아닌가? 인공 연못 안에 얼음덩어리를 잔뜩 넣는다고 해서 동물 복지가 완성되겠는가? 제주에서도 동물원이 필요하냐 마냐를 두고 설왕설래다. 뛰어난 자연환경을 이용해 세계 최고의 생태 동물원을 만들겠다고는 하지만, 동물 보호를 주장하는 쪽에서는 코끼리가 한라산에 돌아다니는 게 정말 동물을 위한 일이냐고 항의한다.

동물의 서식지를 지키고 동물을 보호하는 게 인류의 당면 과제라면, 동물을 관람하려는 인간의 욕망을 너무나 자연스럽게 여기는 고정관념을 깨지 않고서는 이 문제를 해결할 수 없다. 동물을 직접 눈으로 관람하지 않는다고 해서 인간의 존엄성이 무너지지는 않는다. 돌고래 배를 만지지 않는다고 해서, 또 코끼리의 재롱을 보지 않는다고 해서 수학여행이 엉망이 되는 것도 아니다. 동물원 없는 세상을 상상할 수 없다는 사람도 있지만, 막상 상상해 보면 별문제가 없다. 그저 살아생전 기린을 눈앞에서 못 보고, 사자가 잠만 자는 광경을 직접 확인하지 못하는 정도다. 그런 걸 직접 보는 게 인간의 존엄한 권리는 아니지 않은가.

살아 있는 모든 것에는 예의가 필요하다

세상은 변하고 있다. 1965년, 동물과 관련된 전문가들로 이뤄진 영국의 브람벨 위원회는 동물에게 '5대 자유' 지침이 필요하다는 보고서를 발표했다. 여기서 다섯 가지는 허기와 갈증에서의 자유·쉴 수 있는 자유·질병으로부터의 자유·충분히 움직일 수 있는 자유·두려움으로부터의 자유를 뜻한다. 인간이 동물을 사육할지라도 최소한의 기준이 필요하다는 취지였다. 철학자 피터 싱어Peter Singer는 1975년 그의 저서 『동물 해방』을 통해 '고통은 주체가 무엇이든 고통 그 자체'라면서 동물의 권리에 대해 주장했고, 세계는 기존의 생각을 반성하기 시작했다. 동물학자 템플 그랜딘Temple Grandin은 동물 복지를 배려한 가축 시설을 설계했다. 자폐 증상을 앓던 그는 세상 모든 것을 시각적으로 받아들이는 능력을 갖고 있었다. 이런 능력 덕분에 동물이 도축장으로 끌려가면서 엄청난 공포를 느낀다는 사실을 정확히 파악했고, '좀 더 편안하게 소가 죽을 수 있는 시설'을 설계했다. 현재 미국의 도축 시설 절반이 이 시스템으로 운영되고 있다. 그의 삶을 그린 영화 〈템플 그랜딘〉(2010, 믹 잭슨 감독)을 보면, 어차피 먹을 음식인데 왜 그렇게 가축을 위해 돈을 들여야 하느냐며 반대하는 사업자들에게 그랜딘은 이렇게 말한다.

"소는 인간을 위해서 자신을 희생하니까, 더 예의를 갖춰서 대해야 해요."

나는 동물을 먹지 말고 만지지 말자는 게 아니다. 살아 있는 존재에 접근하는 방식, 인간에게 이로움을 주는 생명체를 대하는 예의에 대해 끊임없이 이야기해 보자는 거다. 동물은 오랫동안 의약품의 임상 시험 대상으로서, 화장품의 테스트 대상으로서 다뤄져 왔다. 이에 대한 문제 제기는 '대체재'를 찾으려는 노력으로 이어졌으며, 그 덕에 지금 동물 임상 시험이 줄어드는 추세다. 불가피하게 동물실험을 하더라도 엄격한 규칙을 지켜야 한다. 인간은 만물의 영장이기에 무엇이든 멋대로 지배할 수 있다는 오만한 생각에서 벗어나자는 것이 동물 복지에 담긴 철학이다.

대한민국도 변하고 있다. 문재인 정부는 2018년 헌법 개정안을 발의하면서 '국가는 동물 보호를 위한 정책을 시행해야 한다'고 명시했으며(아쉽게도 개헌은 여러 정치적 논리에 얽혀 진행이 매우 더디다), 세부적으로는 동물을 물건의 정의에 포함시키는 민법 제98조를 개정해야 한다는 움직임이 일어나고 있다. 아직은 동물학대를 저지른 사람에게 재물 파괴나 절도죄만 물을 수 있다. 개가 죽어도 개의 '값'에 따라 처벌 수위가 다르게 매겨지는 식이다. 이 조항에 '동물은 물건이 아니다'라는 문구를 첨가하자는 목소리가 곳곳에서 들린다. 제도가 변화해 사람들의 인식이 달라지면, '내 개를 내 마음대로 하는 게 왜 잘못이냐'는 말이나 '유기견인 줄 알고 잡아먹었다'는 변명이 사라질 것이다. 최근에 동물 보호법을 적극적으로 해석하여 고양이를 잔인하게 죽인 사람에게 법원이 징역형을 내린 일도 이런 긍정적인 흐름과 무관하지 않다. 우리는 하루하루 어제와 다른 세상을 만들어 가는 중이다.

? 무탈한 사회를 위해 묻다

▶ 동물의 싸움을 즐겨 보는 건 인류의 오랜 역사다. 그러나 지금 우리나라에서 투견(개싸움), 투계(닭싸움)는 불법이다. (물론 아직도 곳곳에서 암암리에 이뤄지고 있지만 말이다.) 나아가 투우(소싸움)도 동물 학대 논란이 있다. 상금이 오가기 시작하면 동물은 그저 인간을 위해서 사용되는 도구에 불과해진다. 이를 단지 전통이니 별문제 아니라고 생각하기는 어렵다.

이전과 비교할 때 동물을 대하는 태도에는 어떤 변화가 일어나고 있을까?

▶ 덴마크의 한 동물원에서는 교육적인 목적으로 사자를 공개 해부할 때가 있다. 수의사가 어린이들 앞에서 하나씩 설명을 하면서 해부를 진행한다. 그런데 최근에는 이런 교육이 필요하느냐는 이의가 제기되고 있다. 그런가 하면 노르웨이의 한 동물원에서 얼룩말을 사자의 먹이로 주는 경우가 있었는데, 이 역시 논란이 되었다. 동물원 측은 원래 사자는 육식동물이라 문제없다는 입장이다.

논란이 많다는 건 기존의 생각에 균열이 일어나고 있다는 말이다. 동물원의 미래, 앞으로 어떻게 될까?

왜 그렇게
난민을 혐오할까?

-대한민국 난민 인정률 0.4%, 그래도 난민이 싫다면-

무탈한 사회를 고민하다

미국의 도널드 트럼프Donald Trump는 2016년 대선에서 멕시코와의
국경 지대에 기존보다 더 높고 두꺼우며 범위도 넓은 장벽을 세우
겠다는 공약을 내걸었다. 불법 이민자 유입을 차단하고 마약 유통
을 막겠다는 이유였다. 그는 당선된 이후로 악착같이 그 공약을 실
천하고자 노력 중이다. 트럼프는 평소에도 멕시코인을 두고 "그들
은 마약과 범죄를 가지고 온다. 그들은 강간범이다."라고 표현하거
나 "이민자 다리를 총으로 쏴라."라고 하는 둥 막말을 서슴지 않아

서 논란이 되곤 했다. 이를 두고 TV 뉴스를 보던 미혜네 가족 사이에서 의견이 갈렸다.

이미혜(자국민 보호가 먼저라는 딸)

"미국 대통령이 미국 사람을 위하는 게 잘못된 거야? 불법으로 들어와 일자리 빼앗고 범죄를 저지르는 다른 나라 사람들로부터 당연히 자국민을 지켜 내야지. 우리나라도 난민 문제로 골치던데 강력한 정책을 시행해서 난민을 막아야 해."

이준호(사람을 괴물로 보아선 안 된다는 아버지)

"저런 조치만으로도 특정 나라와 사람들에 대한 고정관념을 만들 수 있어. 우리도 마찬가지야. 난민 수용 문제에 대해 토론할 순 있지만, 처음부터 그들을 마치 지구를 침략하는 외계인 취급하면서 반대하는 자세가 과연 옳을까?"

　　　　세계는 자신의 나라를 탈출해서 어떻게든 다른 나라의 문을 두들기는 사람들로 넘쳐 난다. 탈출 이유는 각기 다르지만, 한 가지 공통점이 있다. 탈출하려는 개인에게는 아무런 잘못이 없다는 것이다. '왜 남의 나라에 오겠다는 거야?'라는 쌀쌀

한 반응 대신 '무슨 일 때문에 목숨 걸고 탈출하려는 걸까?'라는 질문을 던지면 전쟁·경제 위기·이념 및 종교 갈등 등으로 힘겨워하는 평범한 사람들의 현실을 오해 없이 이해할 수 있다.

자기 나라 사람들만 잘 먹고 잘 살자는 게 인류가 추구해야 할 가치일 리 없다. 난민을 모두 받아 주자는 게 아니다. 인종과 문화에 대한 혐오를 무기 삼아 무조건 빗장을 치는 것만을 마치 국가의 의무이자 국민의 권리처럼 주장할수록, 누군가의 천부 인권이 외면받을 확률도 덩달아 높아진다는 사실을 인지하자는 거다.

한국 사람은 예멘을 모른다

2018년 5월, 예멘 사람 561명이 말레이시아를 거쳐, 비자 없이 입국이 가능했던 제주도에 왔다. 이 중 500명 가까이 난민 신청을 하자 전국이 술렁였다. 혐오가 난무했다. 인터넷에는 이들의 정체를 알려 주겠다는 누리꾼들의 글들이 속속 올라왔다. 이제 한국이 이슬람 국가가 될 것이라고 걱정하는 목사들도 있었다. 평소 기독교 목사들의 과격한 발언을 싫어하는 사람들도 여기에는 동조했다.

난민 문제가 지금껏 한국에서 특별한 이슈가 아니었으니, 500명이라는 숫자에 크게 놀랄 수도 있다. 사실 예멘인들이 오기 전에도 난민 신청을 하는 사람은 많았다. 2015년 5,711명, 2016년 7,541명, 2017년에는 9,942명이 우리나라에 난민 신청을 했다. 1994년부터 누적 3만 2,000여 명이 한국에서 난민으로 인정받기 위해 문을 두드렸다. 다만 열리지 않았을 뿐이다. 난민의 지위에 관한 협약(한국은 1992년 가입)과 '대한민국 안에 있는 외국인은 난민 신청을 할 수 있다'는 난민법(2013년 시행) 등 구체적인 조항도 있다. 이미 대외적으로는 대한민국이 난민을 나 몰라라 하지 않는다고 공표한 셈이다. 그런데 500여 명이 난민 인정을 받은 것도 아니고, 그저 제주도에 '왔다'는 사실만으로도 화를 내는 사람이 너무나도 많았다. 청와대 국민 청원 게시판에는 난민 수용을 반대한다는 글이 올라오고, 여기 70만 명 이상이 동의했다.

　2018년 6월 30일, 서울 광화문 광장에서 난민 수용을 반대하는 사람들의 촛불 시위가 열렸다. 일반적으로 촛불 시위는 약자들의 연대를 상징하며, 민주주의의 가치를 시민이 직접 드러내는 역사적 상징이 있다. 그런데 난민을 결코 받아들여서는 안 된다는 주장은 소외된 자들에게 관심을 가져 달라는 촛불 시위의 일반적인 주제와 거리감이 있어 보였다. 이런 시위가 가능한 이유는 특정 지역에서 온 특정 종교를 지닌 사람들에게 막연한 공포를 느끼는 한국 사람들이 꽤나 많기 때문이다. 그날의 촛불 시위는 난민을 잠재적 범죄자로 보고, 약자인 '우리'끼리 서로 힘을 모으자는 취지였다. 공포가 지배하는 시위 현장에서는 혐오가 분출한다. 난민이 될 수밖에 없었던 사연 따위는 전혀 중요하지 않다.

한국 사람들은 예멘의 상황을 모른다. 학교에서도 가르쳐 주지 않고, 언론도 그리 중요하게 다루지 않는다. 예멘은 1990년대부터 종교 갈등으로 인한 내전이 있었던 나라다. 특히 2015년부터는 상황이 심각해져서 민간인 사망자가 1만 명이 넘는다. 중동 지역의 첨예한 이해관계 때문에 사우디아라비아가 예멘 내전에 개입해 미사일 폭격을 했고 미국이 이를 묵인했다는 사실은 한국에서 별로 보도되지 않는다. 예멘 국민 2,800만여 명 중 2,000만 명 이상이 긴급 식량 지원 대상자일 정도인데, 한국인들은 '그 동네 원래 시끄럽지.'라면서 대수롭지 않게 여긴다. 상황을 잘 모르니 위협을 느껴 도망친 사람에게 오히려 위협을 느끼는 것이다.

시위 현장에는 '가짜 난민 OUT!'이라는 말이 쓰인 종이를 들고 있는 사람들이 많았다. 이들은 한국에 온 예멘 사람들이 인종·종교·경제적 상황이나 정치적 견해로 자국에서 목숨이 위태로운 진짜 난민이 아니라, 다른 나쁜 목적을 지니고 온 사람들이라고 주장한다. 특히 난민 신청자 중에서 남성이 많은 점이 수상하다면서, 이들을 받아들이면 이상한 종교와 문화가 우리나라를 오염시킬 것이라고 주장한다. 한국의 여성과 어린이가 위험해진다는 우려가 컸다. 시위 현장에는 중동과 이슬람에 대한 편견을 담은 혐오 표현이 난무했다.

난민을 신청한 이들 중에 남성이 많은 이유가 있다. 한국까지 올 수 있는 사람은 그 나라에서도 소수다. 일가족이 보따리 들고 타국으로 이동하기가 어디 쉽겠는가. 그래서 집안의 가장이나 대를 이을 사람을 보낸다. 보통은 인접 국가로 탈출해 난민 신청을 하는 경우가 많다. 상황이 좋아지든 나빠지든 여차하면 다시 자기 나라로 돌아가야 하기 때문이다. 하지만 근처 나라의 수용 능력이 한계치에 다다르면 멀리 있는 나라를 찾을 수밖에 없다. 예멘인들도 이런 이유로 산전수전 끝에 제주도에 이르렀다. 물론 난민 지위를 얻기 위해 거짓말을 하는 사람도 있을 것이다. 그렇다면 우리 정부는 난민 심사를 제대로 하고, 문제가 있다면 더 정교한 그물망을 만들면 된다. 국민들은 난민 수용을 얼마나 해야 하는지, 또 수용할 경우 처우를 어디까지 보장해야 하는지에 대해 타당한 의견 제시를 할 수 있다.

하지만 어떤 일이 벌어지는가? 격앙된 시위 참가자들은 예멘인들이 한국까지 올 수밖에 없었던 어떤 이유라도 인정하지 않고, 아예 난민법 자체를 폐지하라고 외친다. 난민 수용 자체를 무조건 금지해야 한다는 주장을 어떻게 이해해야 할까? 구급차를 이용하는 사람 가운데 얌체 이용객이 많다고 해서, 사람의 생명을 살리는 구급차 서비스를 없애 버리면 그만일까? 어느 학교에 싸움을 일삼고 도둑질을 하는 학생이 있다고 해서, 해당 학교의 모든 학생들을 대학 입시에서 탈락시켜도 될까? 난민 문제도 마찬가지다. 세계가 난민을 수용하며 몇몇 문제들이 발생한다고 해서, 난민으로 인정받으려는 사람들을 일방적으로 비난해선 안 된다. '우리가 상관할 바 아니야!'라면서 그들에게 등 돌리는 건 시민의 올바른 자세가 아니다.

난민 인정에 인색한 대한민국

"저는 인종 차별주의자가 아닙니다. 단지 안전을 보장받고 싶을 뿐입니다."

시위 참가자가 뉴스에서 한 말이다.

"딸을 가진 부모 입장에서는 당연히 난민을 반대할 수밖에 없지 않나요?"

내가 강연장에서 자주 듣는 말이다. 이들은 유럽이 난민을 수용하고 이주 노동자에게 문을 과하게 열면서 여러 사회문제가 발생했음을 외면하지 말라면서, 특히 성폭력이 심각해졌다고 주장한다.

숫자 자체가 늘었으니 외국인이 저지르는 범죄의 빈도가 늘어난 것은 사실이다. 하지만 범죄율을 따져 보면 내국인과 외국인 차이가 크지 않다. 그래서 전문가들은 범죄 자체와 싸워야지, 범인의 인종과 종교를 따지는 건 의미 없다고 입을 모은다. 또한 우리 사회에서 범죄가 늘어나는 데는 빈부격차가 한몫한다고 짚는다. 이주자들이 범죄를 일으키는 원인을 파악하는 일도 중요한데, 전문가들은 난민의 가난한 생활을 해결하는 것이 범죄 예방에 더 도움이 된다고 말한다.

세금이 부당하게 낭비된다고 반대하는 사람들도 많다. 난민 인정을 하게 되면 법에 따라 그들의 기초생활을 보장하고, 교육과 직업 훈련을 받을 수 있도록 도와야 하는데 그 비용이 문제라는 거다. 그런데 난민보다 한국인이 더 중요하다는 논리면, 한국인이 존재하는 한 우리나라는 앞으로도 난민을 도와줄 수 없다. 우리나라가 1992년 난민 협약에 동참하고 난민법까지 만든 이유는, 이것이 경제적으로 어느 정도 성장을 한 나라가 세계에 보여 줘야 할 일종의 '국격'이기 때문이다. 인도주의 차원에서 세금을 사용하면 나라 이미지가 좋아지고 외교 관계에서도 한국을 더욱 당당하게 해 주니, 이를 결코 낭비라고 할 수 없다.

짚을 게 있다. 우리나라에는 난민으로 인정받은 뒤 국민 세금의 도움을 받아 살아가는 사람이 별로 없다. 국격이 높다고 여기저기 소문만 냈지, 뱉은 말을 실천한 적은 없었던 셈이다. 그만큼 난민 인정에 매우 인색한 나라다. 난민법이 제정된 2013년부터 2019년까지 난민 평균 인정률은 3.7%로 난민 협약을 맺은 나라 평균 38%에 한참 미치지 못한다. 2017년에는 신청자의 1.2%인 고작 121명만이 심사에 통과했을 뿐이다. 2018년에는 신청자 1만 6,173명 중 1만 6,029명이 난민으로 인정받지 못했다. 2019년에는 난민 인정률 0.4%로 역대 최저를 기록했다.

'GDP 세계 10위'(2020년 기준)라는 대한민국의 난민 수용률은 선진국에 비하면 크게 뒤떨어진다. 아니나 다를까 500여 명의 예멘 난민 신청자 가운데 단 2명만이 한국 정부로부터 난민 인정을 받았고, 그 외 대다수가 인도적 차원에서 일시적인 체류를 허가받았다. 그런데 이조차도 반대하는 사람들이 곳곳에 있다.

왜 난민을 오해하는가

우리는 난민을 어떤 이미지로 기억하는가? 대부분 모든 것을 잃은 뒤 울고 있는 전쟁고아, 앙상한 뼈만 남긴 채 엄마 품에 안긴 아이, 구호물자를 받기 위해 깡통 하나 들고 긴 줄을 기다리는 비루한 차림의 사람들을 떠올린다. 이렇게 난민을 편협한 시각에서 이해하면 상식적인 토론이 이어질 수 없다. 현대사회에서 난민은 다양한 이유로 발생한다.

2009년에는 한국인 남성이 캐나다에서 난민 지위를 인정받았다. 성 소수자였던 그는 한국 군대에서 자신의 성적 지향이 차별과 혐오의 이유가 될 수 있다고 주장했고, 캐나다 정부는 이를 받아들였다. 그 사람의 재산을 따지지도 않았고 '한국에는 개를 잡아먹는 문화가 있다'는 소문을 심사에 반영하지도 않았다. 한편 한국에는 사업차 체류하던 중에 종교를 이유로 난민 신청을 한 이란인 부자(父子)가 있었다. 이들은 한국에서 천주교 신자가 되었는데, 이슬람 국가인 이란에서는 이를 '배교' 행위로 보고 엄중 처벌을 내리기 때문이었다. 이처럼 난민은 단순히 빈곤 문제에서 비롯되지만은 않는다. 그보다 어떤 이유로든 '개인의 존엄성이 사회로부터 탄압받는가'가 중요한 난민 신청 사유가 된다. (참고로, 이란인 아버지는 2016년 난민 불인정 처분을 받았으며, 아들만 난민 지위를 인정받았다.)

이제 제주도로 입국한 예멘인들을 떠올려 보자. 이들은 우리와 다를 바 없는 평범한 생활을 하다가 생활이 위태로워졌을 뿐이다. 멀쩡한 직업을 가지고 잘 살다가 운명의 기로에 서야 했다. 이런 식이다. 반군이 지역을 점령하면, 정부군을 지지했던 사람은 사형시킨다. 반군을 환영하면 군대에 끌고 간다. 이렇게 하든 저렇게 하든 죽을 목숨 아니겠는가. 그러니 의사도 교사도, 심지어 연예인도 탈출을 감행한다. 하지만 특정 이미지로 '난민

다움'이라는 고정관념을 지닌 타국의 사람들은 쓸데없는 자격 시비를 건다.

난민 논쟁이 한창일 때, 한 언론에서는 이들이 비행기를 타고 제주도에 온 것과 스마트폰을 사용하는 모습을 두고 마치 심각한 문제라도 되는 양 보도했다. 또 이들이 어부 일을 거부한 사실을 대단한 사건처럼 다뤘다. 사람들은 월급 170만 원 일자리를 거부하는 건 '난민답지 않은' 행동이라면서, '이들이 진짜 난민일까?'라고 의심한다. 여기에 중동 지역과 이슬람교를 바라보는 편견까지 덕지덕지 붙으면, 난민 지위를 인정받고 싶어 하는 이들은 순식간에 나쁜 사람이 되어 버린다. 혹여나 이들이 스타벅스에서 커피라도 한 잔 마시면? 맥도날드에서 제일 싼 불고기 버거보다 비싼 걸 먹는다면? '난민의 본모습'을 목격했다면서 여기저기서 빈정거리지 않겠는가.

난민 문제는 전 세계인의 숙제

2019년 기준으로 유엔난민기구(UNHCR)가 추정하는 전 세계 난민 수는 7,100만 명 정도다. 제2차세계대전 이후 전쟁 난민이 5,000만 명 정도였다고 하니, 놀라울 따름이다. 그런데 많은 사람들이 이 사실을 모르고 있다. 왜 그럴까? 이유를 찾자면, 대부분의 난민이 아프리카 대륙과 중동 지역 사람들이기 때문이 아닐까? 아무도 이들이 왜 아시아의 작은 나라까지 왔는지 곰곰이 생각하지 않는다. 모르니까 관심이 없고, 관심이 없으니 '예멘인 500여 명'이라는 숫자만으로도 화들짝 놀란다. 우리 모습을 되돌아보자. 영국에서 테러가 발생하면 전 세계가 걱정한다. 프랑스의 노트르담대성당이 불타면 다들 역사가 무너졌다면서 슬퍼한다. 하지만 난민 이야기에는 단호하다. '난민에게 희망이 되어달라'고 간절히 호소한 배우에게는 온갖 조롱이 따라붙는다.

세계는 난민 문제를 해결해야 하는 공통의 과제 앞에 놓여 있다. 기후변화에 따른 해결책을 함께 모색하듯이 지구촌 사람 모두 난민 문제에 대해 머리를 맞대고 기존과 다른 답을 고민해야 한다. 오늘날 환경문제가 시급한 상황에서도 그저 성장만 하면 된다는 식의 정책을 펴는 국가가 지탄의 대상이 되는 것처럼, 난민 문제 역시 '우리 국민이 더 소중하다'는 식으로만 받아들이는 시기는 이미 지났다.

해마다 유럽으로 가기 위해 지중해를 건너가다가 사망하는 '보트 피플', 그러니까 선박을 이용하여 탈출하는 사람들이 수천 명이다. 2015년 9월에는 세 살배기 아이 아일란 쿠르디^{Alan Kurdi}가 터키 앞바다에서 죽은 채로 발견되어 세상에 큰 충격을 안겼다. 이 아이는 시리아 난민들이 탄 작은 고무보트가 침몰하여 사망했다. 이 사건은 난민에게 소극적인 정책을 펼치는 국가를 향해 자성을 촉구하는 계기가 되었다. 단순히 자국민의 이익만을 최우선하는 기존 정책으로는 세계적으로 급증하는 난민 문제를 결코 해결할 수 없다는 공감대가 생겨났고, 그 결과 여러 나라가 (규모와 혜택의 차이가 있지만) 나름의 방식으로 난민들에게 손을 내밀고 있다. 마냥 대문을 꼭 잠그는 것만으로 세상은 결코 나아지지 않기 때문이다.

한국은 단기간에 경제성장을 이룩한 나라다. 원조를 받는 나라에서 원조를 하는 나라가 되었다. 그러나 한 나라의 품격은 경제적 지표만으로 평가받을 수 없다. 타인을 배려하고 사회적 약자를 보듬어 주는 자세가 시민의 가장 중요한 덕목이다. 타국의 고통받는 사람들을 외면해서는 안 된다. 한국은 난민 신청자를 제대로 심사하는 전문 인력이 턱없이 부족하다. 최근에는 아랍어를 잘 모르는 통역사가 난민 지위를 요구하는 사람들에게 불리한 해석을 해서 문제가 되기도 했다. 이런 점을 제대로 고쳐나가야 국가의 품격이 한층 더 높아지지 않을까?

누군가 난민 지위를 악용한다면 그렇게 하지 못하도록 관리를 철저히 하고, 관련 규정들을 정비해야 한다. 난민의 '난' 자만 들려도 화들짝 놀라면서 인종과 종교를 폄하하고 적대하는 자세, 그건 올림픽과 월드컵을 유치한 나라이자 문화 강국에서 살아가는 글로벌 시민의 모습이 아니다.

❓ 무탈한 사회를 위해 묻다

▶ 한국에 온 원어민 영어 강사들의 범죄 소식이 종종 언론에 등장
한다. 미국이나 캐나다에서 온 백인들이 대부분인데, 취업 과정
의 허술함을 틈타 이미 범죄 경력이 있음에도 한국에서 버젓이
교사 생활을 하는 것이다. 그렇다고 해서 아예 미국 사람을 영어
강사로 채용하지 말자거나, 백인이 많아지면 아이들이 위험하다
는 주장이 나오지는 않는다.
일상에서 인종이나 국가별로 사람을 다르게 대하는 사례에는
또 무엇이 있을까?

▶ 2007년, '국기에 대한 맹세'에서 '조국과 민족의 무궁한 영광을
위하여'라는 구절이 삭제되었다. '조국과 민족'이라는 표현이 자
칫 국수주의와 인종차별로 이어질 수 있다는 시대적 상황을 반
영한 것이다. 우리 조국·우리 민족이라는 말이 지나치게 개인의
인식을 지배하다 보면, 어떤 일들이 일어나게 될까?

당연한 권리를 왜
장애인에게는 특혜라 할까?

-호의를 베풀었더니 권리인 줄 아느냐는 이들에게-

무탈한 사회를 고민하다

정치인에게 시민들이 바라는 바를 털어놓는 방송 프로그램의 한 장면이다. 임신부가 마이크를 잡고 한국 사회에서 아이를 낳고 기르기가 힘들다고 성토하며 몇 가지 제안을 한다. 그중 하나는 대형 마트나 공공시설에 비어 있는 장애인 전용 주차 구역을 임신부도 사용하면 좋지 않겠냐는 의견이었다. TV를 보던 창민과 재현은 서로 의견이 달랐다.

여창민(비어 있는 주차 공간을 활용하자는 대학생)

"좋은 생각인 것 같아. 남는 공간을 잘 활용해서 다른 사회적 약자를 도우면 좋지. 보통 아파트의 장애인 주차 구역은 비어 있는 경우가 많잖아. 자리도 많이 차지하는데 괜한 낭비라는 느낌이 들어."

전재현(왜 주차 공간이 비어 있는지를 생각하자는 대학생)

"장애인 주차 공간이 비어 있다고 해서 이를 낭비라고 볼 순 없어. 평소 장애인은 밖으로 나오기가 힘든 상황인데, 언제든지 주차 정도는 가능하다고 생각해야 이동할 용기가 생기지. 그 공간마저 쉽게 이용하지 못하면 장애인들은 더 고립될 수밖에 없어."

"장애인 씨, 장애인이 이 세상 사는 데 특권입니까? … 장애인은 특권이 아니라 일반인이 배려하는 겁니다."

장애인 전용 구역에 주차를 했다가 과태료를 낸 사람이 붙인 경고장의 내용이다. 잘못한 사람이 장애인에게 적반하장으로 화를 내는 이런 일은 비일비재하다. 장애인에 대한 사회적 조치들을 마치 특별 대우라도 되는 것으로 착각하는 사람이 많다. 장애인 주차 구역이 비장애인보다 장애인을 더 우대한 조치일까?

보통의 주차장은 장애인 운전자가 편히 타고 내릴 수 있는 여유 공간을 고려하지 않은 채로 만들어졌다. 즉 주차장 대부분이 이미 누군가를 차별한 상태로 유지되고 있다. 이것이야말로 비장애인의 특권 아닌가? 비장애인에게 주차는 너무나 평범한 일상이지만, 장애인에겐 그렇지 않다. 장애인 주차 구역은 유지되어야 하고, 많아져야 한다. 다른 용도로 사용될 수 없다.

이동이 전투인 사람들이 있다

수많은 사람들이 학교에서 공부를 하고 일터에서 경제활동을 한다. 공부와 노동은 이 사회를 살아가는 사람들에게 피할 수 없는 운명이다. 인간은 동물과 달리 탐구하고 생산하며 문명을 이룩했다. 초원의 사자는 지금이나 천년 전 모습이나 크게 다르지 않다. 본성에 따라 어슬렁거리면서 사냥감을 찾을 뿐, 자기 계발이나 동기 부여 따위엔 관심 없다. 하지만 사람은 다르다. 끊임없이 자신의 재능을 계발하고 타인과 협력하며 상상력의 크기를 키운다. 이를 위해 공부를 하고 일자리를 찾는다.

이 모든 건 '일상이 평온하게 유지될 때' 가능하다. 비장애인의 일상을 보자. 직장과 집이 조금 멀어도 사람들은 대중교통을 통해 출퇴근할 수 있다. 비록 아침의 버스와 지하철이 전쟁터를 방불케 해도 대부분은 외출이 가능하다. 대중교통은 단순히 사람을 이동시켜 주는 도구만으로서 기능하지 않는다. 가고 싶은 곳으로 자유롭게 이동할 수 있는 평범한 일상이 반복되어야 우리는 무언가 하고 싶다는 욕망을 가질 수 있다. 국가가 개인의 일상이 평안하도록 노력해야 하는 이유다. 하지만 모두가 그렇게 살고 있는지는 의문이다. 대중교통을 이용하는 '대중'에 포함되지 않는다는 느낌을 받으며 하루를 출발하는 한 장애인의 출근길을 보자.

김인한 씨는 무수한 인파와 함께 지하철 통로를 이동한다. 다른 게 있다면 인한 씨는 두 다리가 아닌 네 바퀴의 휠체어로 움직인다는 점이다. 그런데 이 차이 때문에 그는 계단 앞에서 멈춰야 한다. 지하철 한번 타려면 거쳐야 할 관문이 많다. 다른 사람들이 바삐 목적지를 향해 부지런히 움직일 때, 인한 씨는 심호흡을 하고 계단 옆 벨을 누른 뒤 떨리는 목소리로 말한다. "리프트 좀 올려 주세요!"

출근길의 지하철 통로는 인파에 비해 무척 적막하다. 피곤한 몸으로 이동하는 사람들이 말을 하지 않기 때문이다. 그 고요함을 깨야 하는 장애인의 마음은 불편하다. 모퉁이에서 스피커에 입을 대고 홀로 중얼거릴 때마다 수치심이 솟구치고, 매일매일 자신과 비장애인들의 삶이 얼마나 다른지를 뼈저리게 경험한다. 인한 씨에게는 집을 나서자마자 차별의 순간이 곳곳에 도사리고 있는 것이다.

승강기가 없는 지하철역에서 층을 이동하려면 휠체어 리프트 외에 방법이 없다. 리프트가 장애인을 위한 편의 시설이라고 생각하는 경우가 많은데, 지하철 리프트는 장애인을 위한 정당한 편의가 아니다. 사람을 짐짝 취급하는 데다 시간이 오래 걸리는 것도 문제지만, 무엇보다 위험하다. 리프트 때문에 종종 사람이 죽고 다친다. 2001년 오이도역·2002년 발산역·2008년 화서역·2017년에는 신길역에서 사망 사건이 발생했다. 인한 씨는 고작 출근길 지하철에 탑승하기 위해서 매일 목숨을 걸어야 한다. 비장애인들은 결코 하지 않는 모험이다. 그래서 인권 기구들은 '지하철 편의 시설에서 리프트 조항을 삭제할 것'을 요청한다. 리프트는 결코 편의적인 도구가 될 수 없다는 의미다.

'안전 불평등'만이 문제가 아니다. 인한 씨에게는 이동 중에 타인에게 주목받지 않을 권리도 없다. 리프트에 올라타 공중 부양을 하는 순간마다 동물원 원숭이가 된 듯한 느낌을 받는다. 수십 명이 이동하는 공간을 비집고 리프트는 이동한다. 위험한 리프트를 이용하는 것도 억울한데, 오히려 자신이 바쁜 사람들의 계단 이용을 방해하는 모양새가 된다.

무례한 사람들 중 몇몇은 어처구니없게도 장애인의 리프트 이동을 두고 따지기도 한다. 왜 바쁜 시간에 나타나서 다른 사람에게 민폐를 끼치냐면서 말이다. 장애인이 이동해야 할 시간이 따로 정해져 있다는 말인가? 그렇게 생각하지 않고서야 어찌 이런 말을 하겠는가? 이렇듯 비장애인들에게는 평범한 출근길이 장애인에게는 '투쟁길'이다. 산전수전 다 겪으면서 우주 비행선도 아니고 지하철 탑승을 해야 하는 삶이 어떻게 평등하다고 말할 수 있을까? 목적지에 도착하면 다시 지상으로 올라가는 전투를 해야 한다. 단순히 왔다 갔다 이동하는 것만으로도 에너지가 다 소진된다. 보람 있는 일은 둘째치고, 죽지 않고 하루를 버티는 것만으로도 대단한 일이다.

상황이 이러니 장애인들은 특혜나 배려가 아니라 정당한 권리를 요구한다. 누구의 친절 덕택에 운 좋게 이동하는 게 아니라, 운수 나쁜 날이라도 어디를 가는 데 지장 없는 삶을 원한다. 뉴스에는 이동권 보장을 원하는 장애인들의 시위 소식이 자주 등장한다. 어떤 이는 모든 지하철역에 승강기를 설치하라면서 지하철 선로 위에서 버티고 있고, 또 어떤 이들은 휠체어를 타고 고의로 일렬 탑승하면서 지하철의 출발을 지연시킨다. 시외버스는 이용조차 할 수 없는 현실에서, 시내버스만이라도 휠체어 이용이 가능한 저상 버스로 전부 교체하라고 요구하며 버스 앞에 드러눕는 장애인도 있다. 비장애인은 정류장에 들어오는 어떤 버스든 탈 수 있는데, 장애인은 그 버스가 저상인지 아닌지를 따져야 하니 엄청난 차별이다. 대중교통을 제대로 이용할 권리를 온몸으로 주장하는 건 평등하지 않은 삶에 대한 분노이지 특혜를 달라는 요청이 아니다.

하지만 당연한 권리를 달라는 주장에 대중의 반응은 싸늘하기 그지없다. 인터넷 기사에는 '호의가 계속되면 그게 권리인 줄 안다'는 소름 돋는 댓글이 달리고, 이런 비아냥거림에 많은 이가 '좋아요'를 누른다. 그러니 아직도 장애인의 이동권은 엉망이다. 2001년 지하철 리프트 사망 사고 이후 20년이 지난 2020년에도, 승강기가 없는 지하철 역사가 서울에만 22곳이나 된다. 돈 때문에 엘리베이터 설치 공사가 늦어지는 일이 부지기수고, 아예 설치가 불가능한 곳도 있다. 애초에 지하철을 설계할 때 장애인의 이동을 고려하지 않았기 때문에 다시 구조를 변형시키는 데 애를 먹는 것이다.

승강기를 설치하는 장소도 문제다. 지하철 승강기는 역 출입구에서 조금 떨어진 곳에 설치되는 경우가 많다. 출입구에 승강기를 설치하면 지상 공간이 줄어들어서 보행자들이 방해를 받는다는 민원이 빗발치기 때문이다. '다른 출입구에 승강기가 있는데 왜 또 설치해서 미관을 해치느냐'며 따지는 사람도 있다. 비장애인과 장애인의 권리를 다르게 재단하니 일상의 불평등이 별것 아닌 게 된다. 누구는 자연스레 가까운 출입구를 이용하는

데, 누구는 일부러 돌고 돌아 지하철을 타러 가야 하는 세상이 어찌 공정한 사회라고 할 수 있겠는가?

'역차별'은 사절이라고?

'서점 갈 자유', 비장애인들은 이런 표현을 하지 않는다. 서점은 그냥 가면 되는 곳이다. 서점 갈 시간이 없을 수는 있지만, '서점에 들어갈 용기가 없다'는 말을 비장애인들이 하지는 않는다. 그러나 휠체어를 타고 이동하는 사람에겐 그조차도 굳은 의지가 필요하다. 이런 상황에서 장애인에게 서점 갈 자유가 주어진다면 환영해야 마땅해 보이는데, 이런 일이 있었다.

동네 서점에서 입구에 휠체어 경사로를 설치했다. 박수를 칠 만한 일이지만, 엄밀히 말해 당연한 의무 아니겠는가. 보통 장애인 차별의 사례로 '장애인을 식당에서 내쫓는 사례'를 언급하는데, 장애인에게는 식당 자체를 가지 못하는 차별이 훨씬 심각하다. 그놈의 문턱 때문에 말이다. 휠체어 경사로는 이동 장벽을 조금이나마 해결하는 너무나 기본적인 조치다. 그럼 휠체어 경사로를 설치한 서점 주인은 칭찬을 받았을까? 아니다. 휠체어 경사로는 불법 설치물로 간주되어 철거되었다. 길을 걷던 행인이 이 구조물 때문에 보행이 방해된다며 관계 기관에 민원을 넣었기 때문이다. 서점 주인과 지자체는 지루한 논의를 한 끝에,

인도와 출입구 턱을 낮추는 방법으로 장애인 이동권을 그나마 보장할 수 있었다.

민원을 넣은 사람은 오랫동안 장애인 차별을 전제로 설계된 도로를 너무나 자유롭게 이용하고 있었다. 그러니 이 작은 변화로 인해 자신의 일상이 침해받았다고 착각한 것이다. 자신이 손해를 보았고 '역차별'을 받았다는 생각이 들었을 거다. 휠체어 경사로가 장애인을 위한 특혜인 걸까? 특혜를 받은 사람은 아무도 없다. 장애인도 비장애인처럼 서점에 갈 수 있게 된 것뿐이다. 장애인의 이동을 도와주는 작은 보철 때문에 비장애인의 일상이 지체될 일은 만무하다.

하지만 누군가의 차별을 전제로 유지되는 일상이 너무나 오래되었기에 이를 변화시키기란 쉽지 않다. 그러니 변화가 교차로에 횡단보도를 설치하려고 하면 지하 통로의 상가 주인들이 '재산권' 운운하며 격렬히 반대한다. 횡단보도가 설치되면 지하로 내려오는 사람이 줄어 장사에 지장을 준다는 논리다. 보행이 자유롭지 못한 장애인들에게는 길 하나 건너기가 전쟁인 셈이다. 한국에서는 대중교통을 자유롭게 이용하는 장애인을 보기가 힘들다. 장애인의 불평등한 상황이 개선되며 자신의 상황이 조금 달라지는 것을 '역차별'이라고 여기는 사람들이 많은 이상, 이런 현실은 달라지지 않을 것이다.

왜 장애인의 권리를 다르게 측정할까?

바깥으로 나오기까지 어마어마한 용기가 필요하니, 장애인들은 외출을 삼간다. 그럼 외부에서 생산성 있는 일을 할 수 없다. 비장애인은 공부하고 일을 하며 어제와 다른 오늘을 만들고 희망찬 내일을 기약하지만, 장애인은 아니다. 늘 그대로다. 앞으로도 다르지 않을 거라는 공포는 미래를 긍정적으로 생각할 수 없게 만든다. 의기소침해질 수밖에 없다. 더 큰 문제는 외부와 단절된 채 살아가는 장애인들의 모습을 보며 비장애인들의 편견이 더 커진다는 데 있다. 어차피 장애인들이 대단한 일을 하는 것도 아닌데, 꼭 동등한 권리를 가져야 하느냐는 발상은 이런 배경에서 탄생한다. '남들 출근할 때 꼭 지하철을 이용해야 되냐!'는 놀라운 말이 서슴없이 등장하는 이유다. 많은 이가 장애인을 혐오하고 멸시해선 안 된다는 생각에 동의하면서도, 일상에서 장애인이 누릴 권리의 크기를 다르게 측정한다.

특수학교가 자기 동네에 들어서면 안 된다고 강력하게 반대하는 논리에는 이런 고정관념이 팽배하다. 비장애인은 의무교육을 불편하게 받은 적이 없다. 아침에 일어나 졸린 눈을 비비며 동네 학교까지 10여 분 걸어가거나 버스 몇 정거장 타고 가면 된다. 그 당연한 일상을 장애인에게도 보장하겠다는데, 사람들은 '왜 특수학교를 우리 동네에 짓느냐'며 항의한다.

장애인들은 멀리 있는 특수학교를 오가는 데 진이 다 빠져 버린다. 이런 현실 속에서는 자립은커녕 제대로 성장하기도 힘들다. 기업에서는 이들을 환영하지 않는다. 장애인 의무 고용 할당제가 있어도 이를 제대로 지키는 기업은 드물다. 법대로라면 전체 직원 대비 3% 내외의 장애인을 고용해야 하지만, 많은 기업이 아예 채용을 포기하고 벌금을 낸다. 혹은 정부가 단속하는 기간에만 단기 계약직으로 부랴부랴 충당한다. 별 기대 없이 채용한 사람을 회사의 미래 인재로 키울 리 만무하다. 기껏해야 허드렛일을 시키는 경우가 다반사다. 2018년 기준으로 장애인 경제활동 참가율은 37%고, 전체 인구의 경제활동 참가율은 63.9%다. 장애인의 경제활동 참여가 현저히 낮은 수준임을 알 수 있다.

나는 공무원 시험 열풍을 취재한 책 『대통령을 꿈꾸던 아이들은 어디로 갔을까』(2016)에서 장애인이 공무원 외에는 마땅한 일자리를 가질 수 없는 현실을 다룬 바 있다. 그 당시 서울 명문대 출신의 장애인이 학교 취업 센터를 통해 직업을 구했는데, 그 일터는 바구니 만드는 공장이었다. 공장 노동자의 삶이 잘못되었다는 뜻이 아니라, 장애인들에게는 사무직 업무 자체가 원천적으로 배제되어 있다는 말이다.

일을 한들 꿈을 키우는 건 애초에 불가능한 구조에서 장애인들은 절망감을 떨쳐 버릴 수 없다. 공포의 크기와 비례하여 장애인들의 삶은 위축되고, 결국 그들은 사회로 나오길 꺼린다. 자연스레 비장애인들은 살면서 장애인들을 별로 마주할 수 없으니, 이들과 함께하는 공동체를 쉽사리 생각하지 못한다. 그저 어설픈 동정심만 가질 뿐이다. 장애인을 '장애우'라 부르자고 했다가 논란이 된 사례가 대표적이다. 장애가 있으면 모두와 친구 관계가 되어야 하는 걸까? 누구와 친구로 지내든 말든 그건 개인의 자유인데 말이다.

자유의 개념을 오해하지 말자

"인간은 권리에 있어서 자유롭고 평등하게 태어나 생존한다. 사회적 차별은 공동 이익을 근거로 해서만 있을 수 있다."

　'프랑스 인권 선언'으로 알려진 「인간과 시민의 권리 선언」(1789) 제1조다. 인간이 자유로운 존재라는 사실은 모두 알고 있다. 문제는 그 자유가 도대체 무엇이냐는 것이다. 자유롭게 생각하고 행동하면 된다는 말인가? 인간이므로 휠체어 경사로를 철거해 달라고 요구할 자유가 마땅히 있는 걸까? 버스에 휠체어가 오르는 시간이 길어지면 비장애인의 권리가 침해받는다고 여겨도 될까?

자유는 동시대를 살고 있는 대부분의 사람이 평범하게 누리는 권리를 누구나 누릴 수 있다는 말이다. 우리는 자연스럽게 특정한 권리를 누리는 위치에 있을 수도 있고, 아니면 그것이 결핍된 상태라서 강력히 요구해야 하는 상황에 직면할 수도 있다. 지금껏 인류는 자신의 권리를 타인도 지니도록 도와주거나, 다른 사람의 권리를 자기도 가지기 위해 투쟁하며 문명을 만들어 나갔다. 이런 맥락에서 살피면 자유라는 말은 불평등을 깨며 존엄을 찾는 과정을 설명하기 위해 필요한 개념이기에, '인간의 존엄을 찾겠다는 자유를 막을 자유'는 애초에 존재하지 않는다.

헌법에 따르면 '모든 국민은 인간으로서의 존엄과 가치를 가지며, 행복을 추구할 권리를 가진다.(제10조)' 또한 '모든 국민은 법 앞에 평등하다. 누구든지 성별·종교 또는 사회적 신분에 의하여 정치적·경제적·사회적·문화적 생활의 모든 영역에 있어서 차별을 받지 아니한다'(제11조 1항). 인간의 존엄과 행복은 누구에게도 배제되어서는 안 된다는 사실을 알 수 있다. 장애인이 학교를 편안히 다니고 대중교통을 별다른 수고 없이 이용할 자유는 애초에 보장되는 것이지, 타인의 배려로 보장될 성질의 것이 아니다.

사람의 존엄한 권리가 누군가의 은총과 자비심으로 운 좋게 주어져서는 안 된다. 이 권리는 주변에 악질인 사람이 넘쳐 나더라도 무너지지 않는 견고한 시스템을 바탕으로 하여 모두에게 자연스레 보장되어야 한다. 일상이 유지되는 데 누군가의 허락이 있어서는 안 된다. 장애인들에게 필요한 건 비장애인들의 동정 가득한 시선이 아니다. 불평등한 삶의 여러 조건을 제거하고 개선하는 구체적인 변화만이 이 사회를 조금이나마 평등한 쪽으로 이끌 수 있다.

⑦ 무탈한 사회를 위해 묻다

▶ 대중매체에는 장애인을 비하하는 말이 종종 등장한다. '장애인 먼저실천운동본부'의 조사에 따르면, 장애인을 비하하는 말 중에서 가장 많이 등장한 단어가 '벙어리'다. '정신 지체'와 '맹인'이 그 뒤를 이었다고 한다. 일상에서도 '눈 뜬 장님', '꿀 먹은 벙어리' 등의 표현이 별다른 문제의식 없이 쓰인다.

우리의 삶 속에 깊숙이 침투되어 있는, 장애를 소재 삼아 하는 말들에는 어떤 것들이 있을까?

▶ 영화 〈말아톤〉(2005, 정윤철 감독)은 자폐증 환자인 초원이가 마라톤에 도전하는 이야기다. 주연배우 조승우 씨가 장애인의 표정과 몸짓을 완벽하게 연기해서 화제가 되었다. 그런데 기자들이 자폐아 포즈를 취해 달라고 요구한 일이 있었다. 이때 조승우 씨는 자폐아에 대한 예의가 아니라고 일축하며, 불쾌한 감정을 감추지 않았다.

재미 삼아 장애인을 흉내 내는 사람이 있다. 왜 그런 행동을 삼가야 할까?

평범한 노동을 하찮게 대하는 사회, 이대로 괜찮을까?

-오늘도 배달 노동자는 목숨을 건다-

무탈한 사회를 고민하다

청소년들은 공부 열심히 하라는 덕담을 듣는 경우가 많다. 입시를 코앞에 둔 고등학생은 '지금 힘든 만큼 나중에 보상받는다'는 격려를 자주 받는다. 보상이란 대체 무엇을 말하는 걸까? 예능 프로그램에서 한 연예인은 이렇게 말했다. "지금 공부 안 하면, 더운 날 더운 데서 일하고 추운 날 추운 데서 일합니다." 마침 TV를 보던 학생 진혁과 진혁 아버지의 생각은 달랐다.

이태훈(공부 안 하면 나중에 고생한다는 아버지)

"명언이다, 명언이야! 세상의 이치가 그런 거 아니겠어. 진혁아, 너도 잘 들었지? 공부 열심히 하면 고소득 전문직에 종사할 가능성이 높아진단다. 남들에게 아쉬운 소리 들어 가면서 살지 않아도 되는 거지. 하지만 공부 열심히 안 하면, 그 반대야. 사회 나와서 땀 흘리며 고생해도 별수 없는 거야. 자기 잘못이니까."

이진혁(고생과 공부를 연관 짓지 말라는 아들)

"아빠는 정말 그렇게 생각해? 난 저 연예인이 굉장히 무례한 발언을 했다고 봐. 더운 날에 땀 흘리고 추운 날에 바람을 맞아 가며 일하는 사람이 없으면 이 사회가 제대로 돌아가겠어? 힘든 일을 하는 사람을 두고 무슨 낙오자처럼 묘사하다니, 이런 인식이 차별과 혐오로 이어지는 거야!"

　　　　　　모 시의원이 시의 예산집행에 관한 질의를 하면서 논란을 일으킨 적이 있다. 환경미화원의 인건비가 지나치게 높다고 문제 삼았기 때문이다. 시의원은 환경미화원이 전문 기술을 요구하는 직책도 아니고, 시험을 치고 어려운 관문을 통과해 들어오는 직종도 아닌데, 같은 근무 연수 공무원보다 (급여가) 많다는 건 잘못됐다'며 언성을 높였다.

그게 왜 문제일까? 18년차 환경미화원이 한 달에 400만 원이 넘는 돈을 버는 게 왜 놀랄 일이란 말인가. 환경미화원은 일주일에 6일을 새벽 출근하고, 악취를 맡아 가며 청소한다. 이런 사람이 안정적으로 돈을 벌어 가족 모두가 중산층으로 살아가면 국가의 기강이라도 무너진단 말인가? 시의원의 어이없는 문제 제기는 노동에 대한 우리 사회의 인식이 어떤 수준인지를 반성하게 한다. 직업에 귀천 없다는 말이 어쩌다가 교과서에만 나오는 세상이 되었을까?

평범한 노동자로 살지 말라고?

두 가지 사례를 소개한다. 먼저 1994년, 내가 고등학교 시절의 일이다. 학교에서 진로 특강 시간을 마련했는데, 주제가 '미래 사회에서는 어떤 사람이 성공할까?'였다. 강연자로 온 사람은 그 당시 IT 업계에서 꽤 유명하다는 사람이었다. 대부분의 사람들이 인터넷이 뭔지도 몰랐던 시절이라, 학생들은 강연자를 신기하게 쳐다볼 뿐이었다. 마치 SF 소설 내용을 듣는 기분이었다. 그는 앞으로의 세상은 지금과 완전히 다른 모습이 될 것이며, 온갖 정보가 개인과 가까워지는 시대가 올 것이라고 말했다. 또한 지금 존재하는 직업의 태반이 사라질 테니, 변화에 적응하여 틈새시장을 개척하지 않으면 큰일 날 거라고 엄포를 놓았다.

다른 사례는 2018년의 일이다. 나는 모 지역 주최의 '고등학생들을 위한 진로 박람회'에 초대받아 짤막하게 인문학 강연을 했다. 이날 행사의 주인공은 내가 아니라, 내 뒤에 등장한 인기 유튜버였다. 어마어마한 환호성을 받으며 등장한 그는 자신이 어떻게 현실에 안주하지 않고 블루오션을 개척했는지 자신만만하게 말했다. 절정은 그가 한 달 평균 수입을 공개할 때였다. 먼저 자신이 아르바이트를 할 때 받았던 100만 원 남짓의 명세서를 보여 주더니, 그다음에는 이보다 몇십 배의 금액이 찍힌 통장을 공개했다. 한 달 수입이 대한민국 평범한 노동자의 열 배 이상이었다. 눈이 휘둥그레지는 숫자를 확인한 학생들은 연신 감탄사를 날렸다. 이십 대인 그는 내가 고등학생이던 때 들었던 것과 비슷한 말을 큰 소리로 외쳤다.

"여러분, 남들처럼 평범하게 살면 큰일 나요. 요즘은 회사 열심히 다녀도 집 장만 못 해요. 행복은 스스로 찾아야 해요. 아무 일이나 하면서 괴롭게 살 자신의 모습이 두렵지 않나요?"

시간 차를 두고 발생한 두 사례는 한국 사회에서 평범한 임금노동이 어떤 대우를 받고 있는지를 적나라하게 보여 준다. 기술의 발전으로 세상이 변하고, 그에 따라 기존 일자리가 사라지거나 다른 직종으로 대체되는 일이야 늘 있어 왔다. 당연히 자라나는 세대에게 유망 직종을 소개하고 변화에 슬기롭게 대처할 수 있는 방법을 알리는 일은 사회의 의무다. 하지만 그것이 꼭 기존의 직업이나 보통 사람들의 노동을 폄훼하는 방식이어야 할까?

도전만을 외치는 세상

분명한 점은 어떤 사회든 경제활동인구의 절대다수는 평범한 임금노동자로 구성되어 있다는 사실이다. 과거에도 그랬고 앞으로도 그럴 거다. 모두가 벤처사업가이고, 모두가 유튜버인 세상은 존재할 수도 없지만 존재해서도 안 된다. 성공하면 대박이고 그렇지 않으면 인생이 망해 버리는 살얼음판을 걷는 사람들이 많은 사회가 결코 건강할 리 없다. 인생에 승부를 걸겠다는 결의와 모험심은 개인의 선택으로서 존중받아야 마땅하지만, 모두 두 주먹 불끈 쥔 채 위험을 무릅쓰고 살아가기를 강요받아서는 안 된다. 처한 상황이 다른데 어찌 도전적인 삶이 공통 임무가 되겠는가. 좋은 사회란 평범하게 살아도 인간의 존엄성을 보장받는 사회이지 않겠는가.

성공하는 '예외'가 아니라, 평범하게 살아갈 '다수'에 주목하는 사회에서는 고정관념 없이 노동을 이해하기 위해 부단히 노력한다. 학교에서 근로계약서를 작성하는 방법을 배우고, 노동조합의 필요성을 편견 없이 이해하며 노사의 단체교섭을 체험한다. 중학생 때부터 노조 대표가 되어 회사와 임금 협상을 벌이는 교육을 받기도 한다. 노동자로서 존엄하게 살 권리를 체계적으로 가르쳐 주지 않는 우리나라에서는 낯선 이야기다. 주요 과목 문제집 풀기에 바쁜 교육 현장에서 노동이란 주제는 찬밥 신세다. '공부 안 하면 평생 노동이나 하고 살아야 해.'라는 망언이 동기 부여처럼 떠도는 수준이다.

노동자는 노조를 결성해서(단결권) 사업자에게 지위와 처우에 관한 여러 요구를 할 수 있다(단체교섭권). 심지어 파업이라는 극단적 행동도(단체행동권) 가능하도록 헌법이 보장한다. 그러나 우리나라 학생들은 파업을 자신의 삶과 연결하여 이해할 수 있는 기회가 별로 없다. 일단 정규 시간표에 그런 고민을 할 과목 자체가 없다. 학교에서 외부 강사의 특강을 통해 학생들에게 좋은 기회를 마련하려고 하면, 학부모의 항의가 들어온다. 학생들은 굳이 알 필요 없는 내용이고, 지나치게 편향적이라는 거다. 노동자의 권리에 대해 배우고 처우의 정당성을 따져 보는 것이 왜 편향적일까? 나의 자녀는 '노동자'가 되지 않을 것이라고 생각하기 때문일까? 노동자라는 단어를 부정적인 시선으로 해석하지 않고서야 불가능한 주장이다.

얼핏 이해가 된다. 초등학생에게 노동자를 그려 보라고 하면, 태반이 공장에서 작업모를 쓰고 일하는 사람을 그린다. 경비원은 노동자여도 아나운서는 노동자라고 생각하지 않는다. 마트 계산원은 노동자지만 증권사 직원은 노동자로 치지 않는다. 자리에 앉아서 일하는 사무직은 노동자가 아니고 공장에서 일하는 생산직만 노동자라고 생각하는 사람도 있다. 이런 편견이 강한 사람들은 평범하지만 성실하게 살아가는 노동자들을 새로운 영역에 도전하지 않는 '도태된' 사람으로 묘사하기 바쁘다.

배달 노동자는 왜 목숨을 걸어야 하는가?

영화감독 켄 로치Ken Loach는 〈나, 다니엘 블레이크〉(2016), 〈미안해요, 리키〉(2019) 등의 영화를 통해 사회로부터 외면받는 소외된 자에게 주목한다. 이 중 영화 〈미안해요, 리키〉에는 택배 노동자의 애환이 담겨 있다. 내용은 이렇다. 일자리를 잃고 힘들어하는 주인공 리키(크리스 히친 분)는 노력하는 만큼 돈을 번다는 택배 기사가 되기로 결심한다. 상사는 이것이 채용이 아니라 '회사에 합류하는 것'이라면서, 리키가 노동자가 아니라 1인 자영업자임을 강조한다. 그렇게 시작된 일에는 정해진 근로시간도 없고 약속된 월급도 없다. 배달하면 수수료를 받고, 배달을 못하면 책임을 지는 계약만이 존재한다.

실상은 엉망이었다. 리키는 하루 14시간을 일하면서 식사는 커녕 화장실도 가지 못해서 볼일을 병에다가 해결한다. 사춘기 아들이 학교에 문제를 일으켜도 시간이 없어서 가 보지를 못한다. 당연히 휴가도 병가도 없다. 일을 하지 않으면 대체 비용을 본인이 책임져야 한다. 어느 날, 리키는 강도들을 만나 폭행당하고 물건을 도둑맞는다. 팔이 부러져 병원에 있는 리키에게 매니저로부터 전화 한 통이 걸려 온다. 보험 처리가 안 되는 물건들을 변상하고 훼손된 단말기를 책임지라는 거였다. 이 말을 듣고 평소 큰소리 한 번 낸 적 없는 리키의 아내마저 욕을 퍼붓는다.

"강력한 클라이맥스 신으로 치달으며 숨을 멎게 만든다." 영화 포스터에 있는 언론사의 리뷰다. 이 리뷰만 보면, 영화의 끝에 무슨 엄청난 일이 생길 모양이다. 지렁이도 밟으면 꿈틀거린다는데 영화가 서민의 애달픈 삶만 보여 주고 끝나서야 되겠는가. 하지만 아무 일도 일어나지 않는다. 리키는 한쪽 팔이 부러진 데다 한쪽 눈이 보이지 않지만, 그래도 출근한다. 아프다고 일을 가지 않으면 물어내야 할 돈이 더 많은 괴상한 구조를 이겨 낼 자신이 없기 때문이다. 이상한 시스템에 발목이 잡혀 자신을 갈아 넣으며 일을 하는 모습은 오늘날 노동자의 현실을 되돌아보게 한다. 영화의 원제 'Sorry, We missed you(미안해요, 우리가 당신을 놓쳤네요)'는 택배를 본인에게 직접 전달하지 못할 때 물건을 어디다 두었는지 알려 주는 메시지 카드의 내용이다. 영화는 세상이 효율성이라는 가치만 추종하다가 정작 '사람'을 놓치고 있는 모습을 과장 없이 담담하게 그려 낸다.

'긱(gig) 이코노미', 리키가 일하는 방식의 경제구조를 뜻한다. '긱'이란 말은 원래 1920년대 미국 재즈 클럽에서 단기 계약으로 일을 하던 연주자를 뜻했다. 이들은 클럽의 직원이 아니라, 공연 때만 자신의 악기로 연주한 임시직이었다. 이후 '긱 이노코미'라는 단어는 정규직이 아니라 계약직·프리랜서 형태로 노동시장이 이루어져 있는 경우를 뜻하는 말이 되었다. '플랫폼 노동'이라고도 표현하는데, 영어 단어에서 느껴지는 멋스러운 느낌과 달리 실상은 디지털을 기반으로 맺어진 새로운 근로관계를 뜻할 뿐이다. '제로 아워(zero-hour)' 계약이라는 말에 담긴 의미도 전혀 멋있지 않다. 이는 정해진 노동시간 없이 임시직 계약이 이뤄져, 일한 만큼 시급을 받는 노동 계약을 말한다. 제로 아워 계약 아래에서 근로자는 종일 노동의 밧줄에 묶인 채로 살아야 한다. 어느 날은 하루 종일 대기만 해야 하고, 어느 날은 감당할 수 없을 만큼 일해야 한다. 기업과 고용주 입장에서는 일감이 없을 때 인건비가 지출되지 않으니 고정비용이 절약되어 좋을 것이다. 하지만 노동자는 어떨까? 소득이 불안정하고 휴식을 계획할 수 없으니 삶의 질이 형편없어진다.

영국에 사는 리키 가족만의 문제일까? 한국이라고 예외는 아
니다. 최근 배달 앱이 선풍적인 인기를 끌고 있다. 모 인기 앱은
한 달 이용자가 1,000만 명에 이르고, 이용 건수가 월 3,000만
건이 넘는다고 한다. 집에서 손가락 몇 번 움직이면 못 먹는 게
없는 세상이다. 틈새시장을 파고들어 새로운 플랫폼을 개척한
사람들은 여러모로 주목받는다. 언론에서는 관련 분야에서 성
공한 사업가들을 4차 산업혁명을 이끌어 갈 리더라고 소개하고,
청년들은 이들을 새로운 멘토로 꼽는 것을 주저하지 않는다.

　그런데 이상한 일이 있다. 배달 시스템의 혁신을 이야기할수
록, 배달 노동자들의 항의 시위도 잦아진다. 혁신은 무엇이 좋아
졌다는 건데, 일하는 사람들은 별로 좋아지지 않았다는 말이다.
이들은 노동자 지위를 인정해 달라고 요구하며 '시간 내 배달 보
장제'를 폐지하라고 주장한다. 배달 노동자들은 음식점으로부터
콜을 받은 뒤 정해진 시간 안에 배달을 완료해야만 약속된 수수
료를 받는다. 시간을 어기면 여러 불이익을 받기 때문에 과속이
나 신호 위반을 하는 경우가 잦다. 그러다가 사고가 나도 보상은
커녕 치료비도 지원받지 못한다. 이들은 '1인 사업자'로 취급받
기 때문이다. 오토바이를 타고 배달하는 노동자는 과거에도 있
었다. 배달 플랫폼이 생기고 나서 달라진 점이 있다면, 이제 평
범한 배달 노동자들이 전보다 더 불합리한 처우를 받으며 목숨

을 걸고 일한다는 것이다. 이들이 더 위험해질수록 소비자들은 편리한 삶을 누리고 있다. 좋은 사회라 할 수 있을까?

평균 연봉 6,000만 원의 황제 노동자?

개문발차(開門發車)라는 말이 있다. '문을 연 상태에서 기차가 출발했다'는 뜻인데, 제도 보완이 전혀 되어 있지 않은 상태에서 새로운 분야가 성장하는 상황을 빗대어 쓰이기도 한다. 언뜻 보면 과거에 없던 '좋은' 시스템 덕분에 편리한 세상이 온 것 같지만, 그 안에서 일하는 사람들은 '나쁜' 시스템으로 인해 열악한 처우를 받는다. 앞서 살펴보았던 배달 플랫폼은 물론이고, 이제는 일상이 된 택배 시스템도 개문발차의 예로 들 수 있다.

이제 택배 당일 배송은 당연한 일이 되었고, 심지어 전날 밤에 주문하면 다음 날 새벽 집 앞에 물건이 놓여 있을 정도다. 그런데 택배 없이는 못 사는 사람들이 늘어남과 동시에, 택배업에 종사하는 이들의 목소리도 절박해진다. 노동자들의 요구 사항은 불공정 계약을 취소하라는 것인데, 특히 새벽부터 4~5시간에 걸쳐 진행되는 물류 분류 작업이 무보수로 진행되는 점을 문제 삼는다. 이들은 다른 노동자를 고용하여 일을 처리하든지 아니면 정당한 대가를 줄 것을 요구한다. 하지만 업계는 '관례'상 해당 업무는 담당 노동자가 직접 해 왔으며, 이미 배달 수수료에 이런 작업 비용이 포함되었다는 말만 되풀이한다.

아쉽게도 이런 노동자들의 외침을 외면하는 대중이 많다. 사람들의 눈에 이들은 변화에 적응하지 않고 안주하며 일하는 듯이 비쳐지기 때문이다. 일부 언론은 노동자의 정당한 파업을 '시민에게 불편을 끼쳤다'면서 자극적으로 보도한다. 심지어 '평균 연봉 6,000만 원이 넘는 택배 노동자'라는 식의 기사를 써서, 이들을 탐욕적이고 이기적인 사람으로 몰아가는 경우도 있다.

하지만 실제로 한 달에 500만 원 이상을 벌기 위해서는 밥도 제때 먹지 못하면서 하루 평균 15시간씩 주 6일을 일해야 한다. 차량 유지비뿐만 아니라 다쳤을 때 발생하는 치료비까지도 고스란히 노동자 본인이 책임져야 한다. 이런 점을 제대로 알지 못하니 '배달하는 주제에' 요구 사항이 많다는 말이 나올 수밖에 없다. 머리를 쓰며 시스템을 개발하는 사람만 가치 있게 여기고, 그 밑에서 움직이는 노동자를 우습게 여기는 풍토는 이렇게 완성된다.

노동은 우리와 연결되어 있다

평범한 노동을 하찮게 대하는 세상에서는 어떤 일이 벌어질까? 첫째, 사람들이 개인의 진로를 바꾼다. 청년들이 공직에 대한 열의가 높아서 공무원 시험에 몰리는 걸까? 대기업에 가지 않으면 실패자로 낙인찍히는 분위기, 육체노동을 하면 당연한 권리도 보장받지 못하는 세상에서 많은 이들이 자기 꿈을 일찌감치 포기했기 때문이지 않겠는가. 구독자 수가 상위 1%는 되어야 어느 정도 돈을 벌 수 있다는 유튜버가 새로운 직업으로 선망받는 이유도 마찬가지다. 평범한 노동자로 살아서는 상식적인 대접을 받을 수 없기 때문이다.

둘째, 학력주의가 강화된다. 대기업에 취업하거나 전문직에 종사하지 않으면 평범한 삶조차 보장받을 수 없는 사회에서는, 어린이들까지도 '성적이 우수해야' 먹고산다는 고정관념에 지배당하기 쉽다. 과열된 경쟁 안에서 평가에 길들여진 개인은 자신이 겪었던 것처럼 타인을 평가하는 데 익숙해진다.

셋째, 불로소득(不勞所得)에 대한 관심이 높아진다. 성실하게만 살아서는 삶의 행복이 보장되지 않는 세상에서 사람들은 더 이상 노동을 통해 안정적인 미래를 맞을 수 있을 것이라고 기대하지 않는다. 부동산 투기에 관련된 뉴스가 이제는 놀랍지도 않은 상황에는 이런 배경이 숨어 있다.

그럼 반대로, 평범한 노동을 존중하는 사회를 상상해 보자. 지금껏 '나태'나 '안주' 등으로 묘사된 평범한 노동자의 삶이 안정을 찾게 되면 어떨까? 어떤 일을 하더라도 인간의 존엄성이 보장되는 사회에서 사람들은 꿈과 적성을 고려해 진로를 선택할 수 있고, 경쟁에 지나치게 노출되어 힘들어하지도 않을 것이며, 어떻게 한탕을 노릴까 노심초사할 필요도 없다. 혁신, 혁명 같은 마법의 언어에 갇히지 않고 노동을 바라보는 편협한 시선을 거두는 것만으로도 이렇게 다른 세상이 온다.

❓ 무탈한 사회를 위해 묻다

▶ 유명 학원 강사가 '7등급은 노력을 안 한 것이다. 그 등급 받으면 용접 배워야 한다.'라고 발언하여 논란이 된 적 있다. 강사는 사과했지만 한동안 여론은 들끓었다. 이에 당시 한 용접공은 고액의 월급 명세서를 공개했다. 돈 많이 버니까 무시 말라는 항의였는데, 그렇다면 돈 별로 못 버는 노동자들은 가만히 있어야 할까? 용접공의 반론 역시 노동자를 소득 수준으로 구분하는 모양이 되어 버렸다.

저임금 노동자를 바라보는 사회의 편견에는 어떤 것들이 있을까?

▶ '코로나19' 사태는 많은 사람들의 일상을 바꾸어 놓았다. 개학이 연기되고 직장인들은 재택근무를 하게 되었다. 야외 활동을 자제하면서 택배 주문 또한 폭발적으로 늘어났다. 넘쳐 나는 물량에 택배 기사들의 고충이 이만저만이 아니었는데, 안타깝게도 과다한 배송 업무에 시달리다가 사망한 경우도 있을 정도다.

우리 주변의 플랫폼 노동자들은 어떤 직업에 종사하고, 어떤 문제점에 노출되어 있을까?

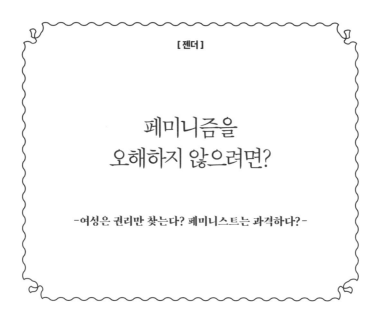

페미니즘을
오해하지 않으려면?

–여성은 권리만 찾는다? 페미니스트는 과격하다?–

⚖ 무탈한 사회를 고민하다

"내 몸은 음란물이 아니다!"

2018년 6월 2일, 페이스북코리아 사옥 앞에 모인 여성들은 상의를 완전히 탈의하고 이렇게 외쳤다. 이들이 시위를 벌인 이유는, 여성이 자발적으로 가슴 노출을 한 사진을 올린 경우에도 페이스북에서 음란물로 간주하여 통보 없이 삭제했던 것을 규탄하기 위함이었다. 이 시위를 두고 같은 독서 모임에서 활동하는 대학생 진희와 태현의 생각은 달랐다.

김진희(페미니즘의 시위 방식이 불편하다는 대학생)

"꼭 사람 많은 곳에서 상의를 탈의하는 방식으로 시위해야 했을까? 사람들이 불쾌감을 느낄 수 있잖아. 오히려 대중에게 페미니즘에 대한 오해와 나쁜 감정을 심어 주기 쉬워. 그리고 페이스북이 여성 가슴이 노출된 사진을 금지하는 게 왜 문제야? 불특정 다수가 이용하는 소셜미디어이기 때문에 충분히 금지할 수 있다고 봐."

이태현(시위의 맥락을 이해하자는 대학생)

"가슴 노출이라는 시위 방식에만 주목하기보다, 시위가 담고 있는 의미가 무엇인지 고민해 봤으면 좋겠어. 저 시위는 여성의 신체를 성적(性的)으로 바라보는 풍토에 대해 비판하고 있어. 왜 남자와 여자의 신체를 보는 시선이 다를까? 한쪽의 가슴만 음란물이라는 해석을 받는 것은 부당하다고 생각해."

　　　　　1968년 9월 7일, 미국 애틀랜틱시티에서 미스 아메리카 대회가 열렸다. 행사가 끝날 때쯤 몇 명의 여성들이 '여성 해방(Women's Liberation)'이라고 쓰인 현수막을 들고 소리를 질렀다. "더 이상의 미스 아메리카는 없다!(No more Miss America!)" 생방송은 곧 중단되었지만, 바깥에서 시위는 계속되었다. 많은 여성들이 '자유의 쓰레기통(Freedom Trash can)'이라고 적힌 통에 브래지어·하이힐·화장품 등을 버렸다. ('태웠다'로 잘못 알려져 있는 경우가 많다.) '탈코르셋 운동'이 시작된 날이었다.

몇십 년이 지난 지금 세상은 달라졌을까? 평범한 일상 사진을 올렸던 한 연예인은 왜 브래지어를 하지 않았냐는 악플에 시달리다 세상을 떠났고, '노 브라'로 방송을 진행했다고 밝힌 아나운서는 '관종' 소리를 들어야 했다. 여성을 바라보는 시선에는 여전히 고정관념이 덕지덕지 붙어 있다는 거다.

페미니즘을 두고 '찬반' 토론을?

어느 고등학교 토론 대회에 심사 위원으로 초대받은 적이 있다. 주제는 요즈음 가장 뜨겁다는 '페미니즘'이었다. 페미니즘의 방향, 개선점 등이 아니라 그냥 페미니즘 자체를 찬반 토론 한다기에 처음에는 심사 맡기를 꺼렸다. 대학에서도 체계적으로 다루는 전문적인 이론을 찬성과 반대로 나누어 토론하는 것에 회의적이었기 때문이다. 학자들이 구축한 학문 세계를 선호하지 않을 수는 있지만, 이론 자체를 부정하여 그 의견이 사회에서 사라지도록 하는 게 과연 좋은 결과로 이어질지는 의문이다.

페미니즘의 한계, 페미니스트의 아쉬운 활동 등을 따지자면 언제나 대환영이지만, 지금보다 더 평등한 미래를 위한 고민을 담은 페미니즘이라는 학문을 찬성과 반대의 영역에서 논할 수는 없다. 인류는 오랫동안 남성과 여성이 생물학적으로 구별되는 것처럼 성향도 타고나는 것으로 여겨 왔고, 이에 따라 남녀가 해야 하는 일도 구분되어야 한다고 생각했다. 그런데 페미니즘은 지금껏 당연하다고 생각한 고정관념과 일상에서 드러나는 성차별을 비판한다. 페미니즘은 남녀의 차이가 사회적 차별로 이어지는 과정을 '젠더'(생물학적인 성이 아닌 '사회적 성')라는 단어로 표현한다. 또한 농경 사회 이후로 중요시된 남성의 힘이 어떻게 가부장제 사회를 만들었는지, 그 사회에서 여성이 어떤 불평등에 노출되었는지 분석한다.

물론 페미니즘이 전개되는 방식이 무조건 옳을 리 없다. 페미니즘을 주장하려는 목적에만 충실하여 통계를 엄격히 검증하지 않거나 지나친 비약으로 논증의 허술함을 드러낼 때도 있다. 그런데 이런 식으로 본래 의도를 잘못 전달하는 사람은 어느 분야에나 있다. 예를 들어, 생물학의 한 분야인 유전학을 근거로 들며 인종의 우열을 구분할 수 있다고 주장한 우생학은 차별주의자들에게 사랑받았다. 사람에게 우생학을 적용하자는 주장은 논의할 가치도 없지만, 이것이 유전학 자체에 반대할 명분은 되지 않는다. '사회'에 주목하는 사회학자는 '개인'에 집중하는 심리학의 시선으로만 세상을 바라보는 자세를 경계하지만, 심리학이라는 학문에 반대하지는 않는다. 좋아하지 않는다고 해서 세상을 바라보는 여러 시야 중 하나를 제공하는 특정 학문을 쉽사리 부정할 순 없다. 역사학을 왜곡하는 유사 역사학의 주장들이 한심하다고 해서 역사학자를 싸잡아서 비난하면 되겠는가. TV에 나와 음식의 효능을 과대 선전하는 의사들이 싫다고 의학도 싫어할 순 없다. 누가, 어떤 목적을 지녔는지에 따라 학문의 지향점이 달라지는 일은 부지기수다.

그런데 한국 사회에서는 페미니즘 자체에 반대하는 사람이 많다. 내가 심사 위원으로 참여한 고등학교 토론 대회에서도 이런 현상이 그대로 드러났다. 성별에 따라 찬성(女)과 반대(男)가 명확히 구분되어 진행된 이 토론에서는 다른 주제일 때보다 훨씬 공격적인 말들이 오고 갔다. 때로는 조롱과 비아냥거림까지 등장했다. 이런 식이다.

[사례 1]

찬성

"페미니즘은 여성이 겪는 부당함을 세상에 알리려는 학문이에요."

반대

"그런데 너무 과격하잖아요. 마치 모든 남자는 잠재적 범죄자인 것처럼 규정하는 게 말이 됩니까? 그리고 왜 자꾸 페미니즘이 옳다고 강요하죠? 자기 생각을 남에게 정답이라고 우기면 그건 폭력이에요. 본인이 화장을 하는 것에 반대를 하면 본인만 안 하면 되는데, 꼭 다른 사람에게 '성 상품화'에 길들여졌느니 어쩌니 하면서 욕을 하잖아요. 그거 다 자격지심 아닌가요?"

[사례 2]

찬성

"여성이 노동시장에서 겪는 차별은 매우 심각합니다. 한국 사회에서 남성이 100만 원을 번다고 가정할 때 여성의 급여는 62만 원 수준에 불과한데, 이는 OECD 국가에서 꼴찌 수준입니다. 페미니즘은 이러한 차이가 구조적 차별에서 비롯되었음을 이해하게끔 도와줍니다."

반대

"그런 통계를 아직도 믿다니 정말 한심하네요. 당연히 남성이 힘든 일을 도맡으니 그렇죠. 남성이 전문직에 종사하는 비율이 더 높기도 하고요. 여성이 궂은일을 스스로 마다하고 노력하지 않으니 그런 결과가 나온 것 아니겠어요? 늘 여자는 혜택받을 권리만 주장하죠. 의무는 나 몰라라 하고요."

고등학생들의 대화일 뿐이라고? 내가 보기엔 한국 사회에서 일반적으로 나타나는 페미니즘 논쟁과 흡사하다. 고등학생들의 '반대' 의견을 살펴보면 페미니즘을 결코 인정할 수 없다는 결의를 읽을 수 있다. 일상에서 남성들이 "당신은 페미니스트인가요?", "설마 페미니즘을 옹호하나요?" 등 낙인의 성격이 짙은 질문을 자주 하는 것도 비슷한 맥락이다.

물론 최근에 벌어진 여러 논란 때문에 페미니즘에 대한 부정적인 반응이 확대되었을 수 있다. 남성이 여성에게 하는 혐오 표현과 행동을 여성이 남성에게 그대로 보여 주는 '미러링'이 큰 문제가 되고 있다. 예를 들어, 여성의 몸을 몰래 찍어 죄책감 없이 공유하는 남성들의 나쁜 문화를 비판한다면서 남성 누드모델을 몰래 찍어 인터넷에 퍼뜨리는 식이다. 이는 따져 볼 것도 없이 '범죄'다. 하지만 이런 사건을 근거로 삼아 페미니즘 전체에 결정적인 하자가 있다고 해석해도 될까? 그만큼 평소에 오해가 깊어서일 게다. 엉켜 있는 실타래를 풀어 보자.

오해 1: 페미니즘은 과격하다

첫째, 페미니즘 운동은 왜 과격하게 느껴지는가? 페미니즘을 강성 학문이라고 생각하는 사람들이 많다. 페미니스트들은 자기 주장이 지나치게 강하다고 비판받는다. 하지만 페미니즘이라는 학문의 출발점이 다른 학문과는 어떻게 다른지 고민하면 이 오해를 풀 수 있다.

학문은 대개 '긍정적인 방향성'을 지닌 이들에게 선택된다. 상황이 어떠하든 개인이 학문을 좋아하게 된 밝은 기운이 존재했다는 거다. 예를 들어, 물리학은 평소 과학에 관심 있는 사람이 전공한다. 심리학은 인간관계를 심오하게 알고 싶은 사람들이 좋아한다. 어릴 때 독서를 하면서 기뻤던 경험이 있었던 이들이 문학을 공부한다. 주변에선 취업에 도움도 안 되는 학문을 왜 공부하냐고 하지만, 자신을 매료시켰던 희열이 있었기에 전공을 선택하고 깊이 파고들 동기 부여가 가능했을 것이다.

그런데 페미니즘을 공부하게 되는 동기는 조금 다르다. 여성학을 선택하고 공부하는 사람들은 '노여움'이라는 감정이 계기였던 경우가 많다. 딸이기에, 여학생이기에, 여직원이기에 어쩔 수 없이 받아들여야 하는 부당함, 그리고 아내로서, 며느리로서, 엄마로서 감수해야 하는 불평등이 바로 페미니즘에 관심을 갖도록 하는 연료인 셈이다. 여기서 페미니스트들의 언행이 다른 이론을 설명하는 사람들에 비해 강한 이유를 찾을 수 있다. '암탉이 울면 집안이 망한다'는 식의 성차별적 인식에 짓눌린 개인의 한(恨)을 분석하는 학문은 분석만으로 멈출 수 없다. 일상의 성찰을 촉구하고 구체적인 변화를 모색하려 한다.

페미니스트들은 현실 세계의 변화를 이끌어 내는 것을 중요하게 여긴다. 기존의 고정관념을 깨고, 전통과 질서를 완강히 거부해야만 변화가 가능하다. 그 과정은 온순하게만 진행되지 않는다. 여성에게도 참정권을 부여해야 한다는 주장이 처음에는 시기상조라면서 외면받았고, 우리나라에서 '호주제 폐지'를 외쳤던 여성 단체들이 엄청난 비난에 시달렸던 역사적 사실을 기억해 보자. 페미니즘의 전개 방식이 너무 빠르고 내용이 지나치다며 비판할 수는 있겠지만, 이를 성차별 반대의 목소리를 완전히 부정하는 계기로 삼아서는 안 된다.

오해 2: 페미니즘은 남성을 적으로 간주한다

둘째, 페미니즘은 모든 남성을 잠재적 범죄자로 취급하는가? 페미니즘은 남성이 아니라, 남성의 시각에서 형성된 그릇된 문화 체계를 비판한다. 공공연히 벌어지는 채용 비리를 예로 들어 보자. 여전히 기업에서는 여성보다 남성을 선호하는 경우가 많다. 신입을 채용하는 과정에서 몰래 남자 지원자에게만 가산점을 주었다는 뉴스가 심심찮게 보도된다. 2015년, 한 고등학교는 남학생을 더 많이 뽑기 위해 입시 성적을 조작하기도 했다. 여성보다 남성의 능력이 뛰어나다고 여기는 인식이 만연하여 일어난 일들이다. 여성은 일상적으로 폭력에 노출되어 있다. '불법 촬영' 성범죄는 대부분 여성을 대상으로 일어난다. 학교에서 일어나는 심각한 성폭력은 대부분 남성 교사가 저지른다. 그러니 여성은 단지 여자라는 이유만으로도 불안하다. 모든 남자가 범죄자가 아닌 건 당연한 팩트지만, 그렇게 느껴질 만한 충분한 배경이 있다는 말이다.

우리 주변에는 '원래 그렇다'는 말로 남자와 여자를 설명하는 경우가 많다. "수학·과학은 논리적인 남자가 잘해.", "여자라면 외모에 신경을 써야지.", "여자는 남자보다 운전을 못하잖아." 이런 말들은 더 이상 하지 말아야 한다. 물론 남성에게도 차별적인 발언을 하지 않기 위해 우리 모두 '예민해져야' 한다. "남자가 왜 그렇게 말이 많아?", "남자가 왜 울어?" 이런 말들도 남성 중심 문화의 산물이다.

정리하면, 페미니즘이 말하는 '남성'이란 특정 남성을 지목하는 것이 아니다. 남성 중심의 역사에서 만들어진 문화에 순응하며 여성의 권리가 제한되는 걸 내버려 두는 사람들을 가리킨다. 당연히 여성도 그릇된 성별 인식의 문화를 만든 장본인일 수 있다.

모든 남성을 잠재적 범죄자 취급한다는 주장은 '페미니즘이 남성의 인권에는 무관심하다'는 논리로 이어지는데, 문제의 본질을 흐리는 접근이다. 좋은 사례가 있다. 미국에서는 여전히 흑인들이 차별받고 있다. 경찰이 유독 흑인에게 과잉 대응해 흑인이 사망하는 경우가 많은데, 이에 항의하는 시위가 종종 일어난다. 이때 흑인들은 '흑인의 생명도 소중하다(Black Lives Matter)'라는 팻말을 든다. 그런데 가끔 '모두의 생명이 소중하다(All Lives Matter)'라는 팻말을 든 백인들이 등장하여 논란이 된다. 흑인들이 백인 중심 사회에서 겪는 차별을 비판하려고 하는데, 여기에 '흑인 목숨만이 소중한 건 아니다', '모든 백인이 가해자는 아니다'라는 주장이 과연 선한 의도였다고 할 수 있을까?

남성이 차별받는 건 그 자체로 문제 제기하고 힘을 연대해 개선해 나가야 한다. 이 주장을 페미니즘 논의에 겹치려고 하는 것은, '여자가 무슨 차별을 받냐, 힘든 건 남자지.'라는 말을 하고 싶기 때문일 게다.

오해 3: 여성의 능력 때문에 임금 격차가 난다

셋째, 성별 임금 격차에 대한 오해를 풀자. 페미니즘에 반대하는 사람들은 임금 격차가 여성 차별과는 관련이 없다고 생각한다. 근속 기간·노동 시간·전문직 종사 비율 등에 따라 달라지는 것이라 문제가 없다는 입장이다. 맞는 말이다. 어떤 전문가도 이를 부정하지 않는다. 통계 수치상 여성은 남성보다 근속 기간이 짧고, 고소득 전문직에 종사하는 비율이 낮다.

던져야 할 질문은 무엇일까? 여성은 끈기가 없고 힘든 일을 회피하려는 본성을 타고난 걸까? 이보다는 여성의 근속 기간이 짧은 이유와 전문직에 종사하지 못하게 된 원인을 따져 봐야 한다. 경력 단절은 여성이 무능해서가 아니라 육아와 일을 병행하기 힘든 상황에서 발생한다. 아이는 당연히 엄마가 책임지고 보살펴야 한다는 인식이 만연한 사회에서 여성은 출장을 가는 데에도 제약이 따른다. 회사에 관심 없는 이기적인 성격이어서가 아니라, 돌봄을 책임지는 데 현실적인 어려움이 있기 때문에 벌어지는 일이다. 이런 이유로 회사를 그만둘 수밖에 없는 상황에 처하는 경우가 많다. 육아 휴직이 쉽지 않은 사회에서 한번 경력이 단절되면 소득이 괜찮은 직장에 취업하기 쉽지 않다. 일자리의 질이 낮아지는 것이다. 이런 맥락을 살펴보면 남녀 임금 격차는 사회가 여성을 바라보는 편견의 크기와 비례한다는 사실을 알 수 있다.

남녀가 같은 해에 입사했더라도 남성의 승진 속도가 훨씬 빠르다. 여전히 기업에서는 여성 임원의 비율이 낮다. '여성은 언제 일을 그만둘지 모르니 중요한 일을 맡길 수 없다'는 고정관념은 여성이 한 걸음 위로 올라서지 못하도록 막아 버린다. 이를 보이지 않는 차별이라는 뜻에서 '유리 천장'이라고 하지만, 여성에게는 '강철 천장'으로 느껴지지 않을까? '유리 천장 지수'는 여성들의 고위직 진출을 가로막는 방해 요소를 수치화한 것인데, 우리나라는 경제협력개발기구(OECD) 회원국 가운데 2019년 기준으로 7년 연속 최하위권이다.

페미니즘은 남자와 무관하지 않다

"여성들은 권리만 주장하고 의무는 회피한다!"

누구나 들어 봤을 말이다. 대체 어떤 의무를 회피했는지를 물으면, 예외 없이 군대 이야기를 꺼낸다. 진정한 성 평등을 이루려면 여자도 군 복무를 해야 한다는 말이 여기저기서 들린다. 우리나라에서는 남성만이 국가의 의무를 이행하기 위해 군대를 간다. 남성은 남자라는 이유로 특정 시간을 나라에 헌납해야 하는 것은 물론이고, 일상에서도 억울한 일을 자주 겪는다. 남자라면 누구나 '사나이답게 행동해야 한다'는 중압감에 짓눌리게 마련이다.

그렇다면 여자가 군대를 가면 남자가 겪어야 하는 고충이 해소될까? 결코 그렇지 않다. 남성들의 억울함은 그 책임을 여성이 아니라 사회에 물어야 함이 마땅하다. 여자도 군대 가서 남자와 동등하게 힘들어진다고 남녀가 평등해지는 것이 아니다. 다 함께 힘들게 사는 것? 평등하게 괴로워하자는 건, 한 명이라도 불평등에서 벗어나야 한다는 사회정책의 목표와 부합하지 않다.

페미니즘은 남자와 무관하지 않다. 페미니즘은 '젠더', 즉 사회가 강요한 남자다움과 여자다움을 비판하고, 남녀 모두를 사회의 구속으로부터 자유롭게 한다. 이를 원천적으로 반대하겠다는 사람에게도 정당한 발언권을 주는 토론이 나는 불편하다.

❓ 무탈한 사회를 위해 묻다

▶ 미국의 영화 제작자 하비 와인스타인Harvey Weinstein은 30년간 성
폭력을 일삼았다. 그의 막강한 영향력 때문에 여자 배우들은 침
묵할 수밖에 없었다. 하지만 언론을 통해 알려지고 '나도 당했다'
는 증언이 이어지면서 그는 몰락한다. 이 사건은 '미투 운동(Me
Too Movement)'이 전 세계로 퍼지는 계기가 되었는데, 한국에서
도 여러 분야에서 놀라운 증언들이 쏟아졌다. 공통점은 여성들
이 피해를 당했을 때 곧바로 행동하지 못했다는 것이다. 왜 여성
들은 피해 신고를 두려워했을까?

▶ 2019년 4월 11일, 헌법재판소는 낙태죄에 대해 7 대 2 의견으로
헌법 불합치 판결을 내렸다. 사실상 위헌 결정이다. 태아의 생명
권보다 여성의 자기 결정권을 더 중요시한다는 뜻이다. 이는 태
아를 아무렇게 죽여도 된다는 뜻이 아니다. 여성 신체에서 벌어
지는 일을 두고 형사처벌을 할 수는 없다는 의미가 담겨 있다.
낙태를 '죄'로 규정할 때 생길 수 있는 문제에는 어떤 것들이 있
을까?

불평등을 없애는
유일한 방법,
끝까지 의심하기

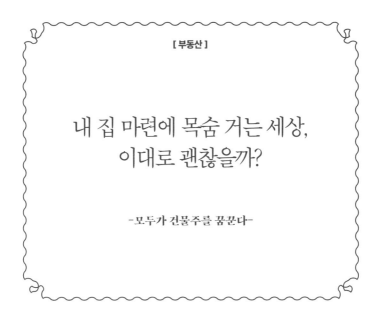

[부동산]

내 집 마련에 목숨 거는 세상,
이대로 괜찮을까?

-모두가 건물주를 꿈꾼다-

무탈한 사회를 고민하다

'토지 공개념'이라는 말이 있다. 공공의 이익을 위해 토지를 소유하고 처분하는 데에 국가가 적극적으로 개입하자는 것이다. 이를 헌법에 명시하자는 주장이 오래전부터 있었다. 반론이 만만찮은데, 공개념의 'ㄱ'만 나올라 치면 사회주의·공산주의·전체주의 등을 운운하는 이들이 많다. 이 문제를 두고 박준호(다주택자) 씨와 김민희(세입자) 씨의 생각은 달랐다.

박준호(부동산을 시장 법칙에 맡기라는 다주택자)

"토지 공개념이라… 개인의 사적 재산을 두고 국가가 이래라저래라 하는 것은 자유 시장경제 원칙에 어긋나지 않을까요? 내가 돈 모아 산 집, 내 자녀에게 상속될 재산을 국가가 빼앗다니요. 그건 부당하다고 생각해요."

김민희(부동산 문제에 국가가 개입해야 한다는 세입자)

"토지 공개념은 개인의 재산을 국가가 몰수한다는 국유화 개념과는 달라요. 국가가 나서서 투기 열풍을 막아 주면 좋죠. 아무리 노력해도 땅 없고 집 없는 사람들의 삶이 나아지지 않는다면 사회가 함께 대책을 마련해야죠"

        국회의원들의 재산 공개 내역을 보면 묘한 부분이 있다. 연봉은 1억 5,000만 원인데, 매년 월급을 한 푼도 안 쓰고 모은 돈보다 훨씬 더 재산이 늘어난다. 보유한 토지와 건물 가격이 올랐기 때문이다. 2017년 재산 공개 내역을 보면 국회의원 10명 중 4명이 다주택자이고, 4명 중 1명이 강남 3구(강남구·송파구·서초구)에 집을 보유하고 있다. 황당하다며 욕 한번 하고 넘어간다고 해서 해결될 문제가 아니다. 대한민국 전체에 '부동산만이 재테크의 정석'이라는 분위기가 만연한 것이 엄연한 현실이기 때문이다. 그래서 부동산에 관심 많은 정치인들을 욕해 봤자 '자본주의사회인데 무엇이 문제냐'는 반응을 평범한 시민들로부터 듣게 된다.

대한민국 헌법에는 이미 토지 공개념 조항이 있다. 국가가 국토를 효율적으로 관리하기 위해 필요한 제한과 의무를 가할 수 있다고 명시되어 있다. 그럼에도 불구하고 부동산을 어떻게 하자는 이야기만 나오면 많은 이들이 화들짝 놀란다. 좀 더 공익에 부합하는 정책을 이끌어 내 빈부격차를 줄이자는 개정안을 두고 논란이 많은 이유는, 이미 국민 다수의 꿈이 '건물주'가 되어 버렸기 때문이다.

아이고, 내 인생 억울해라

장면 하나. 칠십 대 노부부의 사이가 좋지 않다. 십여 년 전에 자녀들이 결혼할 때 제대로 지원을 해 주지 못한 일 때문에 자주 다툰다. 남들은 최소한 아파트 전세 자금 정도는 마련해 주었다는데, 그 몇억 원이 이들에겐 언감생심이었기 때문이다. 그렇다고 이들이 인생을 대충 산 것도 아니다. 40여 년 동안 제대로 쉬어 본 적 없이 열심히 살았다. 정직했고 검소했다. 세 아이를 부족함 없이 키웠다. 대학 등록금을 마련하고 어학연수를 보낼 정도의 목돈도 마련했다. 이 정도면 대단한 부모다. 결혼할 때 나 몰라라 한 것도 아니다. 이리저리 빚을 내서 몇천만 원을 마련했다. 하지만 성실하고 검소하다고 삶이 저절로 순항할 리 없었다. 자녀들은 지금까지도 내 집 장만을 못 하고 있다. 집값이 너무 올랐기 때문이다. 그게 자신들 책임 같아서 부부는 근심이 깊다.

싸우는 이유는 따로 있다. 이들 노부모가 15년 전에 팔았던 집이 재건축이 되어서 그 자리에 고층 아파트 대단지가 들어섰기 때문이다. 미래를 내다보지 못한 뼈아픈 실수에 대한 책임 공방이 치열하다. 경제적으로 비슷비슷하게 살았던 이웃들 중 일부는 아파트를 분양받았다. 살던 집의 면적보다 매우 작은 아파트였는데, 처음에 노부모는 너무 좁아 보인다고 위로를 했다. (그때 이웃은 누가 누굴 위로하냐는 표정이었다.) 그런데 분양가 3~4억 하던 그 집이 지금 10억이 넘는다. 함께 버스 타고 시장에서 산 콩나물 나눠 먹으며 서민의 삶을 공유했던 이웃은, 특별히 달라진 일상이 하나도 없었음에도 단번에 자산만 10억 넘게 보유하고 있었다.

이들은 아파트를 활용해 돈을 마련하고 굴린다. 집을 전세로 임대하여 마련한 돈으로 자신들이 살 집을 구하고 자녀들의 주택 구입 비용을 지원한다. 나머지는 적금을 든다. 노동을 전혀 하지 않고 생긴 돈으로 이자까지 받는 셈이다. 스스로도, 그리고 주변에서도 이렇게 말한다. "열심히 살았으니 보상받은 거지."

누가 잘나서 갑자기 10억이 생긴 게 아니고, 누가 못나서 평생 10억을 남의 이야기로 여기고 살아야 하는 게 아니다. 그저 누군가에게는 행운이 찾아왔고 누군가에게는 그렇지 않았을 뿐이다. 하지만 행운을 잡지 못한 집에서는 부부싸움이 매일같이 일어난다. 너 때문에 이사해서 다 망했다느니, 집값이 요지부동인 여기에 누가 오자고 했냐느니 옥신각신하면서 말이다. 결국에는 이런 한탄이 터져 나온다. "아이고, 내 인생 억울해라."

장면 둘. 두 명의 사십 대 가장 A, B가 있다. 10년 전에 같은 아파트 단지로 첫 입주했다. 차이가 있다면 A는 집을 '사서(buy)' 왔고 B는 아파트 내 임대 단지 세입자로 '살러(live)' 왔을 뿐이다. A는 부모님의 지원을 종잣돈 삼아 집을 마련했고, B는 혼자 힘으로 돈을 모아 보증금을 납부했다. 세월이 흘렀다. B는 10년 동안 열심히 저축하면서 돈을 알뜰히 모았고, 보증금 인상금을 납부했다. B와 소득이 비슷했던 A는 아이들과 가족들을 위해 아낌없이 돈을 쓰며 살았다. 그런데 10년 전 2배 정도였던 자산 차이는 그동안 5배로 벌어졌다. 물론 A의 자산이 훨씬 많다. A에게 특별한 일이 일어난 것은 아니다. A가 사는 집의 가격이 특별하게 올랐을 뿐이다.

꽤 친했던 둘은 지금은 어색한 사이가 됐다. 세상을 보는 눈이 너무 다르기 때문이다. B가 대한민국 집값 폭등이 징글징글하다며 하소연하면 A는 차갑게 말한다. "그렇다고 지금 집값이 내리면 어떻게 되겠어요? 집 한 채가 전부인 사람들까지 망할 수는 없잖아요?" 이상한 건, B는 '나도 열심히 살았다!'고 따지고 싶은데, 그럴 수 없는 우주의 기운이 존재한다는 것이다. 사람들은 A가 집을 샀을 때도, A의 집값이 올랐을 때도 '고생 끝에 낙이 있네!'라면서 격렬히 축하했다. 이 분위기에서 억울해하면 질투하는 것밖에 안 되는 듯했다. '루저'가 된 더러운 기분에 B는 혼잣말을 뱉는다. "아이고, 내 인생 억울해라."

샌프란시스코의 똥

금문교(Golden Gate Bridge)로 유명한 샌프란시스코는 한 해에 2,500만 명의 관광객이 찾는 도시다. 기후도 좋아서 미국에서 가장 살기 좋은 도시 중 하나로 손꼽힌다. 언뜻 보면 도시는 화려함 그 자체다. 페이스북, 트위터의 본사가 있고, 세계 최고의 반도체 및 IT 기업이 입주한 실리콘밸리로도 유명하다. 근교에는 스탠퍼드대학교와 버클리대학교가 위상을 자랑한다. 국내에도 잘 알려진 NBA 스타 스테판 커리Stephen Curry의 소속 팀 골든스테이트 워리어스(Golden State Warriors)의 연고지이기도 하다.

하지만 이 지역 최고의 볼거리는 아마 'poop patrol'이 아닐까 한다. 직역하면 '똥 경찰'인데, 이들은 개나 고양이의 똥이 아니라 사람의 배변을 치운다. 2019년 샌프란시스코에서 우리나라 돈으로 8억이 넘는 예산을 투입해 '똥 경찰'을 직접 고용했다. 그만큼 길거리의 똥 문제가 심각하다는 말이다. 구글 검색창에 '샌프란시스코 똥'을 검색해 보면, 도시가 사람 똥 더미로 몸살을 앓고 있는 모습을 쉽게 볼 수 있다. 똥 누는 사람, 똥 치우는 사람, 똥 밟은 사람, 코 막고 악취를 피하는 사람…. 비닐봉지에 용변을 보거나 버려진 여행용 가방을 화장실 대용으로 쓰는 사람도 있다. 이게 21세기에, 그것도 1인당 국민소득이 6만 달러가 넘는 미국에서 일어나는 일이라는 게 믿기지 않는다.

이 정도면 도시 기능 자체가 마비된 셈인데, 어쩌다 이 지경이 되었을까? 노숙자 때문이라고? 어떤 도시에나 노숙자가 있지만, 어떤 도시나 샌프란시스코 같지는 않다. 이유는 어마어마한 집값 때문이다. 샌프란시스코는 갑작스레 집값이 엄청나게 오르면서 노숙자 역시 폭발적으로 늘어나는 상황을 막지 못했다. 살인적인 집값, 이는 말 그대로 누군가의 존엄성을 '살인'할 만큼의 위력을 지녔다.

유명 기업의 직원들이 대거 샌프란시스코로 이주하면서 부동산 시장이 요란해졌다. 우리나라의 원룸보다 약간 큰 '원 베드' 집의 월세가 최소 2,000달러(약 220만 원)다. 가족이 함께 살 투

베드 집을 구하려면 3,000~4,000달러(약 330~440만 원)부터 시작해야 한다. 도무지 집을 빌릴 수 없는 사람들은 옆 동네로 이동해, 또 그 지역의 가격을 올린다. 그러다 보면 도시 전체가 들썩일 수밖에 없다. 대기업 정규직 직원이 어마어마한 집값을 감당하지 못해 자동차에서 생활하는 경우가 있을 정도다. 대학생 여럿이 캠핑카를 빌려 살며 한 학기를 버티기도 한다. 그렇다면 비록 저임금 노동자지만 평범하게 살고 있었던 주민들에게는 어떤 일이 일어날까? 월급을 아무리 알뜰히 모은들 집세를 내지 못하니, 길거리로 나가는 게 다음 수순 아니겠는가.

도시화 과정에서 화장실 문제는 늘 있었다. 18세기 산업혁명 이후 인구가 증가한 런던에서는 가정에서 창문 밖으로 버린 오물 때문에 골치가 이만저만이 아니었다. 우리나라도 산업화가 진행되던 1970년대 너도나도 서울로 사람들이 몰려들면서 곳곳에 판자촌이 조성되었다. 아침마다 화장실 앞에서 긴 줄을 서는 건 당연지사였고, 급한 사람은 귀퉁이 어딘가에서 알아서 볼일을 해결해야 했다. 하지만 샌프란시스코의 '똥'은 경우가 다르다. 원래 자리를 잡고 살던 사람이 갑자기 상승한 집값을 감당하지 못해 거리로 밀려나고, 그곳에서 생리 욕구를 해결하기에 이르렀다.

돈 잘 버는 사람들을 겨냥한 명품 매장과 고급 레스토랑이 여기저기 들어서면 도시의 가치가 올라가는 느낌이다. 맞다. 다만, 그곳에 자기 집이나 건물이 있는 사람에게만 그렇다. 동네 평범한 사람들을 대상으로 장사를 하는 사람들은 하루아침에 생계가 곤란해진다. 건물 주인이 높은 임대료를 받기 위해 '있어 보이는' 브랜드가 입점하길 바라기 때문이다. 이를 '젠트리피케이션(gentrification)' 현상이라 한다. 1964년, 영국 사회학자 루스 글래스Ruth Glass가 기존의 공간에 새로운 중산층 구성원들이 유입되면서 나타나는 변화를 설명하며 처음 사용한 말이다. 간단히 말해 별거 없던 동네가 'gentry', 즉 신사들처럼 매우 품격 있게 변했다는 뜻이다. 하지만 젠트리피케이션의 본질은 변화가 이뤄지면서 원래 살던 사람들이 살던 곳을 떠나는 데 있다.

한국에선 곳곳이 이런 지경에 이르렀다. 서울 명동은 처음엔 특색 있는 물건이 많은 곳이었다. 지금은 대한민국에서 최고로 비싼 동네가 되었다. 많은 사람들이 대학로·홍대·이태원 등으로 흩어졌다. 옮긴 곳이 유명해지면 또 짐을 꾸려야 했다. 누군가가 좋아할 때 누군가는 눈물을 흘려야 하는 게 이 현상의 핵심이다.

돈을 버는 사람은 막대한 자본으로 높은 임대료를 감당할 수 있는 대기업, 그리고 조물주보다 위라는 건물주들뿐이다. 그래서 우리나라의 이른바 '핫 플레이스'를 가면 죄다 비슷비슷한 가게들만 즐비하다. 종종 뉴스에는 장사 잘하던 사람이 갑작스러운 퇴거 조치를 주인으로부터 통보받고 생존권 투쟁을 하는 사례들이 등장한다. 젠트리피케이션의 어감은 이런 잔인한 실상을 담아내지 못한다.

모두가 '전지적 집주인 시점'을 지닌다면?

"인류 역사상 이를 막을 방법은 아직 없었다." 유시민 작가는 TV 프로그램 〈알아 두면 쓸데없는 신비한 잡학사전〉에서 부동산 문제에 대해 이렇게 언급했다. 부동산 문제가 쉽게 해결되지 않는 현상에 대한 아쉬움이 드러난 말이라고 생각했다. 그런데 나의 주변 지인들은 조금 다르게 받아들였다. "거봐. 아무리 통제하려고 해도 집값 오르는 건 못 막는다니까. 돈 냄새 맡고 움직이는 건 사람 본능인데, 그걸 국가가 어쩌겠어?"

본능이라고 규정해 버리면 집값은 더 이상 사회문제가 아닌 게 된다. 차라리 '욕망'이라고 하면 다행이다. 살아 보니 부동산이 재산을 키우는 데 가장 효과적인 방식임을 알게 되었고 자신도 그러한 야심을 지니게 되었을 뿐이라고 항변하는 정도라면, 다시 한 번 생각해 보자고 충분히 말을 할 수가 있다. 왜 사회가 우리에게 이런 욕망을 강요하는지를 따져 물어보자는 것이다. 집값 오르기를 바라는 개인은 잘못이 없다만, 모두가 그런 욕심을 숨기지 않는 사회는 어떤 모습이 될까? 부동산에 목숨 거는 성인 아무개를 욕할 순 없지만, 초등학생의 장래희망이 '임대 사업자'인 사회는 이상하지 않은가?

헌법에 토지 공개념 내용을 포함하자는 개정안은 토지의 공공성과 합리적 사용을 위해 필요한 경우에 한하여 특별한 제한을 가하자는 것을 골자로 한다. 이로 인해 이어질 일들을 거칠게 요약하면 다음과 같다. 국가는 부동산에 세금을 높게 책정할 것이며, 개인의 땅을 매입하여 공공주택을 건설하려고 시도할 것이다. '공공'이란 말만 들으면 화들짝 놀라는 사람들이 많을지도 모르겠다. 하지만 토지를 공급과 수요의 시장 논리로만 취급해서 나타난 '전혀 공공적이지 않은' 결과를 본다면, 그리 학을 뗄 일은 아닐 것이다.

부동산 문제는 세대 간 분열의 주범이다. 제목부터 세대 격차의 심각성이 느껴지는 이원재의 저서 『아버지의 나라, 아들의 나라』(2016)는 같은 수도권 지역에서 비슷한 경제활동을 한다는 전제로 같은 평수의 주택을 구입하는 데 걸리는 시간이 어떻게 달라졌는지를 분석한다. 1960년대 태어난 사람에게는 8~9년이 걸리던 내 집 장만 기간이, 1980년대 전후로 태어난 사람에게는 28~30년이나 필요하다.

'10년 후에는 내 집 장만이 가능한 사회'와 '20년 후에도 내 집 장만이 불가능한 사회', 이건 전혀 다른 상황이다. 이것도 소득이 안정적인 경우를 예시로 든 것이다. 비정규직 노동자로 살면서 서울에서 집을 장만하려면 월급을 한 푼도 쓰지 않고 살아도 불가능하다. 공인중개소 앞에 적혀 있는 숫자를 보면 그 놀라운 금액에 입이 떡 벌어진다. 대저택이라도 매물로 나왔나 싶어서 보면, 그냥 서너 식구 옹기종기 모여 사는 그런 크기의 집에 지나지 않는다. 그런데도 3억·5억·7억이 기본이다. 참고로 2020년 1월, 서울에서 거래된 아파트의 중간 가격이 9억을 넘었다. 정부가 강력한 대책을 발표하자 보수 언론에서는 '집값 폭락'이 우려된다는 기사를 연일 작성했는데, 그래서 떨어졌다는 금액이 얼마냐면 8억 3,655만 원이다(2020년 4월 기준).

집을 장만할 가능성이 높았던 세대와 그렇지 않은 세대 사이에 존재하는 건 그냥 '운'의 차이일 뿐이다. 학력이 높을 뿐만 아니라 취업을 위해 긴 시간 공을 들이는 요즘 세대의 현실을 고려하면, 이들이 처한 불운은 엄청나게 크게 느껴진다. 그런데 안정적인 생활을 하게 된 장년층이 젊은 세대에게 노력 운운한다면 어떤 일이 벌어지겠는가? '이딴 세상을 만들어 놓고, 어떻게 그런 말을 할 수 있냐'면서 청년들이 따지는 건 당연하다.

세대 간의 격차도 문제지만, 세대 내부에서 차이가 벌어지는 상황 역시 큰 문제다. 아무리 계산기를 두드려도 내 집 장만이 요원한 현실을 보란 듯이 비웃는 '유주택자' 친구의 행보를 옆에서 확인하는 일은 그야말로 고역이다. 동년배인데도 같은 시대를 서로 부대끼며 살아간다는 느낌이 들지 않는다. 이런 상황에서는 소외된 개인의 고충이 사회적 문제로 전환되기 힘들다. 입밖으로 꺼내 봤자 자신만 변변치 못한 사람으로 비칠까 봐 두려울 뿐이다. '잘못은 개인에게 있다'는 식으로 탓하는 분위기는 사회 전체를 부정적인 흐름으로 몰고 간다. 불신과 원망, 억울함이 해결되지 않으니, 누구나 '수도권 똘똘한 집 한 채'를 장만하는 것을 인생의 목표로 삼게 된다. 내 집 장만을 개인의 목표로 삼는 태도가 문제라는 말이 아니다. 평범한 사람들의 인생 목표가 집을 사서 한몫 벌어 보자는 것이라면 그 여파가 만만치 않다. 개인이 열심히 살수록 공동체가 파괴되는 최악의 결과가 도출된다. 간절함의 크기만큼 집값이 반드시 올라야 한다고 생각할 텐데, 국민 모두가 이렇게 바란다고 상상해 보자.

이를 악물고 영혼까지 끌어모아 마련한 돈으로 장만한 집이다. 그러니 매일 인터넷에서 아파트 매매 가격을 확인하고, '호재가 예상된다'고 했던 쇼핑몰 입점이 언제 되는지 촉각을 곤두세운다. 집착은 타자에 대한 예의를 무너트린다. 어라? 웬 장애인 시설이 여기에? 뭐라? 임대 아파트를 주변에 짓는다고? '결사반대'라는 현수막을 아파트에 건다. '더 이상의 혐오 시설은 안된다!'라고 적힌 띠를 이마에 두르고서는, 지나가는 사람들을 붙

잡고 자신들의 입장을 지지하는 서명을 해 달라며 애걸한다. 그것도 '우리 아이들의 미래를 위해서'라는 입에 담기에도 부끄러운 말을 뱉으며 말이다. 정의의 사도라도 된 양 용감하다. 국민 대다수가 '전지적 집주인 시점'에서 세상을 살아가는 모습, 상상만으로도 끔찍한데 이미 임계점을 넘은 것 같아서 씁쓸하다.

? 무탈한 사회를 위해 묻다

▶ '멋모르고 내놓은 내 집, 5,000만 원 손해 본다.' 한 아파트 단지
에 이런 현수막이 걸렸다. 이처럼 아파트 가격을 적정한 수준으
로 유지하기 위해 주민들이 일정 금액 이하로 팔지 못하도록 유
도하고 기준보다 저렴하게 매물을 거래하는 부동산에 부녀회가
찾아가 '불매운동'을 하겠다고 으름장을 놓는 경우가 있다. 정부
가 이런 담합행위에 조치를 취하면 '정당한 재산권 행사일 뿐'이
라는 항의가 등장한다.

과연 재산에 대한 소유자의 권리는 어디까지일까? 그리고 국가
가 이를 어떤 경우에 제어할 수 있을까?

▶ 제목이 '부동산 몰락', '집값의 완연한 하락세' 등인 기사를 살펴보
면, 15억에 거래되던 아파트가 14억 8,000만 원에 팔렸다는 내용
을 담고 있다. 신문엔 아파트와 건물 상가 분양 광고가 넘쳐 나
고, 건물을 사고팔아 시세 차익을 남긴 이들의 이야기도 자주 등
장한다. 공익적 관점에서 부동산은 어떻게 다뤄져야 하는 걸까?

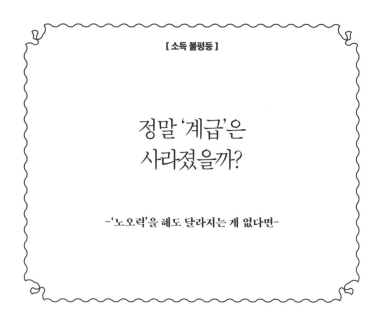

정말 '계급'은
사라졌을까?

-'노오력'을 해도 달라지는 게 없다면-

⚖ 무탈한 사회를 고민하다

수능 시험이 끝나고 친구 사이인 세은과 은주는 스트레스도 풀 겸 기차 여행을 떠났다. 그간의 고충, 앞으로의 고민을 주고받으며 수다 삼매경에 빠졌을 때, '비정규직 철폐', '직접 고용 보장하라'라는 글귀가 적힌 조끼를 입은 객실 승무원이 통로를 지나갔다. 이를 본 둘의 생각은 달랐다.

이세은(비정규직이 정규직 자리를 요구할 수 없다는 고등학생)

"요구가 과하다고 생각하지 않아? 처음부터 비정규직으로 입사했으면 별수 없는 건데, 정규직 시켜 달라는 건 완전 무임승차지. 그리고 철도공사 취업 경쟁이 얼마나 심한데, 다른 사람 공부할 때 자기는 안 해 놓고 왜 지금 와서 저래?"

김은주(비정규직 노동자가 처한 상황을 바로 보자는 고등학생)

"애초에 철도공사가 비정규직 노동자를 고용할 때, 정규직 전환을 약속했다고 해. 그리고 비정규직 노동자로도 인간답게 살 수 있다면 저분들이 저러시진 않겠지. 사람마다 처한 상황이 확연히 다른데, 열심히 공부하겠다고 마음먹는 게 누구에게나 가능할까? 결심한다고 해도, 자기가 처한 환경에 따라 다른 결과가 나올 수밖에 없는걸."

　　　　　　우리가 살아가는 세상을 '좋다'라고 말하려면 최소한 다음 두 질문에 긍정적인 답을 하는 사람이 많아야 한다. 첫째, '누구나' 대단한 꿈을 꿀 수 있고 노력하면 목표를 이룰 수 있는 사회인가? 둘째, 대단한 꿈을 꾸지 않은 '누구라도' 인간답게 살아갈 수 있는가? 반대로 나쁜 사회에서는 어떤 일이 벌어질까? 첫째, 노력해도 목표를 달성할 수 없는 사람들이 늘어난다. 가난을 극복하고 한 단계 위로 올라가려고 해도 거대한 천장에 가로막힌다. 둘째, 천장을 뚫고 올라가지 못한 이들이 단지 그 이유로 인간다움을 보장받지 못한다. 힘들다고 하소연해도 '노력하지 않았기에 정당한 결과'라는 가혹한 평가만이 부유한다.

만약, 지금의 한국 사회에서 천장이 계속해서 견고해지고 있다면 우리는 무엇을 고민해야 할까? 한 사람의 고통을 그저 개인의 문제로만 바라보면서 좋은 사회를 꿈꿀 수 있을까?

세상 둘도 없던 단짝 친구가 왜 멀어졌을까

민주와 소희는 친한 친구 사이였다. 초등학교 2학년 때 같은 반에서 만나 둘도 없는 단짝으로 많은 시간을 함께 보냈다. 주변 친구들이 '너희는 평생 친하게 지낼 것 같다'고 말할 정도였다. 하지만 고등학교 3학년이 된 민주와 소희는 더 이상 예전의 관계가 아니다. 연락이 드문드문해진 건 물론이고, 어쩌다 만날 일이 있어도 눈인사 정도만 나눈다. 둘 사이에 무슨 일이 있었던 걸까? 누가 누구를 험담이라도 했을까? 특별한 계기가 있어서가 아니다. 그저 서로가 처한 여건이 너무 달랐다. 주변 배경의 차이는 고스란히 관심사나 장래희망, 세상을 바라보는 태도의 명확한 차이로 나타났다. 서로 살아가는 방식이 너무 맞지 않으니 가까이 지낼 수 없었던 것이다.

8년 동안 민주와 소희는 조금씩 멀어져 갔다. 본격적으로 사교육이 시작되었던 초등학교 5학년부터 둘의 삶도 본격적으로 달라졌다. 방과 후 수업을 딱 하나 듣는 소희와 달리 민주는 피아노·미술·태권도·수영·체조 등 따로 배우는 게 많았다. 그뿐만 아니라 매일 일정한 시간에 민주네 집으로 과목별 과외 교사가 방문했다. 주말에는 같은 브랜드 아파트, 같은 평수에 사는 친구들과 백화점이나 대형 쇼핑몰에서 어울렸다. 6학년 때는 테스트가 엄격하기로 소문난 영어·수학 학원을 다녔고, 중학생이 된 다음부터는 '창의적 논술 준비반'이라는 소수 정예로 꾸려진 과외 모임에도 참여했다. 고등학생이 되고 나서는 평일엔 과외, 주말에는 학원 수업을 받느라 바빴다. 소희는 그러지 못했으니 서로 만날 시간이 없었다.

함께하는 시간이 적어져서 친구 사이가 멀어진 것만은 아니다. 가끔 만날 일이 있어도 둘 사이의 대화는 오래가지 않았다. 민주는 소희가 가 보지 못한 곳, 어디 있는지도 모르는 나라에 대해 많이 알고 있었다. 아직 비행기를 타 보지 못한 소희는 해외여행을 옆 동네 놀러 가듯이 말하는 민주의 이야기가 낯설게 느껴졌다. 민주는 초등학교 5학년 때 일본을, 6학년 때는 유럽으로 가족 여행을 다녀왔다. 중학교 1학년 여름방학 때는 사이판으로 5주, 3학년 겨울방학 때는 영국으로 4주 어학연수를 떠났다. 작년에는 800만 원을 들여 미국 아이비리그 대학 탐방도 다녀왔다. 소희는, 그러니까 소희의 부모님은 상상할 수 없는 금액이었다. 80만 원 한다는 학원에 다니는 주변 친구들의 이야기도 소희한테는 다른 세계의 일처럼 여겨졌을 뿐이다.

소희가 갖고 싶어도 갖지 못하는 것을 민주는 늘 갖고 있었다. 휴대전화는 언제나 최신형이었고 옷·운동화·지갑 등은 늘 고급 브랜드 인기 제품이었다. 소희는 살면서 들어 본 적도 없는 이름의 명품들도 민주는 많이 갖고 있었다. 책가방이나 문구류조차 백화점에서만 판매한다는 희소한 것들이었다. 소희는 민주를 만나면 자신이 너무 초라해 보였다. 신경 쓰지 않고 살아갈 수 있다고 생각했지만, 자주 그 차이를 목격하는 건 고통스러웠다. 점점 민주는 자신의 고민을 이해할 사람이 아니라는 생각이 들었다. 속마음? 터놓기는커녕 감추려고 했다.

무엇보다 청소년 시기에 가장 예민한 주제인 '진로'에 관한 고민이 너무 달랐다. 어릴 때는 장래희망에 대해 미주알고주알 이야기를 나누곤 했다. 민주는 변호사를, 소희는 의사를 꿈꿨다. 시간이 흘러도 민주의 장래희망은 그대로였다. 초등학교 시절에는 법무부가 진행하는 캠프에 자주 참여하면서 자신의 꿈을 차근차근 키워 나갔다. 대학을 졸업하면 로스쿨로 진학할 예정이었다. 하지만 소희는 의사의 꿈을 중학교 1학년 때 일찌감치 접었다. 소희는 장래희망을 이야기할 때마다, '의사 되려면 집에 돈이 많아야 한다'는 말을 주변 어른들로부터 종종 들었다. 부모님 상황을 알고 말하는 거냐는 표정이었다. 심지어 담임 선생님한테서는 '꿈이 야무지다'는 말까지 들었다. 점점 시간이 갈수록 과외를 받고 학원을 다니는 친구들에 비해 성적이 잘 나오지 않았다. 의사가 되는 건 소희에게 사치였을까? 소희는 의대는커녕 대학 자체를 가지 않기로 결심하고, 돈을 버는 걸 목표로 삼았다. 고등학교 1학년 때부터 최저임금을 받으며 아르바이트를 시작한 것도 그 때문이다. 의사라는 꿈은 그저 멋모르던 시절의 철부지 망상이 되어 버렸다. 살아가는 목표도, 방식도 달라진 민주와 소희는 만나도 서로 할 이야기가 그다지 많지 않았다.

간절히 원하면 꿈은 이루어진다는데, 왜 민주는 계속해서 꿈꾸고 소희는 더 이상 꿈을 꾸지 않을까? 민주가 목표를 위해 꾸준히 노력하는 반면에 소희는 별다른 목표 의식도 없이 살아간다. 이건 소희의 의지가 부족해서가 아니다. 누구에게는 꿈을 현실로 만들 상황이 존재하고, 누구에게는 꿈은 꿈으로만 존재해야 하는 버거운 현실이 있을 뿐이다. 민주와 소희의 상황은 왜 다를까? 단연코 부모님의 소득 수준 탓이다. 민주의 아버지는 의사이고 병원 원장이다. 어머니는 대학 교수다. 민주는 학업 스트레스 때문에 힘든 적은 있지만, 돈 걱정을 하지는 않았다. 방학마다 엄마와 다녀오는 해외여행 덕분에 공부 스트레스도 날려 버릴 수 있었다. 소희는 할 수 없는 민주의 해외여행은 효과가 만점이다. 목표를 이루고 말겠다는 동기 부여가 되고, 여행을 다녀오면 공부에도 집중이 잘됐다. 민주의 성적은 언제나 상위권일 수밖에 없었다. 장래희망이 흔들릴 이유도 없었다. 시간이 흐를수록 꿈은 점점 구체적으로 민주에게 다가왔다.

반면에 소희 부모님은 경제적 형편이 좋지 않다. 두 분 모두 열심히, 그리고 성실히 일하지만 비정규직 노동자라 급여가 낮다. 아무리 아끼며 살아도 월세와 4인 가족의 생활비를 해결하다 보면 빠듯해서 매달 마이너스 통장을 사용한다. 이미 빚도 몇 천만 원이다. 당연히 소희는 학원을 마음껏 다니지 못했다. 사고 싶은 것이 있어도 갖지 못했다. 그저 빨리 돈을 버는 게 소희의 바람이 되어 버렸다. 시간이 흐를수록 꿈은 점점 소희로부터 멀어졌다.

누구나 '노오력'하면 잘살 수 있는 세상?

소득 격차는 현대사회의 가장 큰 문제 가운데 하나다. 소득이 개인에게 끼치는 영향이 너무나 크기 때문에 격차의 벌어짐에 따르는 문제도 심각하다. 행복은 마음먹기에 달렸다고 말하는 사람도 있지만, 자본주의사회에서 결코 쉽지 않은 일이다. 돈이 있고 없고가 사람의 인생을 결정하고, 한 사람의 행동 양식과 사고를 지배한다. 민주와 소희를 보면 알 수 있듯이, 소득 수준에 따라 미래에 대한 관심도 달라진다. 취미와 관심사, 직업이 비슷한 사람들끼리 모이는 경우가 대부분이라 의사의 이웃은 변호사, 교수다. 이들은 함께 골프를 치며 사교 관계를 맺는다. 이처럼 사회 안에서 소득이나 재산을 비롯해 교육이나 문화생활의 수준 차이가 상류층·하류층으로 나뉘어 수직적으로 구별되는 것을 '계층'이라고 한다. 소득에 따라 살아가는 방식이 확연히 구분되고, 비슷한 경험들을 공유하는 사람들끼리 모이게 된다.

사람의 생활이 계층적으로 구분된 역사는 꽤 깊다. 잉여생산물이 생겨난 농경사회 이후, 사람들은 '더 가진 자'와 '덜 가진 자'로 나뉘게 되었고, 당연히 더 가진 자가 풍족한 삶을 누릴 수 있었다. 이 차이가 점점 더 벌어지면, 신분 이동이 좀처럼 이뤄지지 않는 극단적 권력관계가 형성된다. 노예제도처럼 말이다. 노예의 자녀는 태어날 때부터 죽을 때까지 노예 신분으로 살아야 했다. 이렇게 사람 사이에 지배-피지배 관계가 형성되어 그 형태가 변하지 않는 모습을 '계급사회'라고 한다. 즉 계층은 집단 사이의 차이를 뜻하며, 계급은 그 차이가 고착화되어 계급마다 사람의 정체성이 다르게 규정되는 경우라고 할 수 있다.

현대사회에서도 계급은 존재할까? 카스트제도처럼 엄격한 신분 구별을 하는 나라가 아니라면 계급은 낯선 개념이다. 이론적으론 한국 사회에서 계급은 존재할 수 없다. 우리가 살아가는 세상에는 골품제도 없고 사농공상(士農工商)에 따른 신분 차이도 존재하지 않으니 말이다. 양반 족보를 사려고 은밀한 거래를 하는 시대도 아니다. '모든 인간은 존엄하다'는 평등의 가치가 헌법 전문에 있는 것만 보아도 알 수 있듯, 우리는 노력하면 누구나 출세할 수 있는 세상에 살고 있다. 초등학교 시절 읽었던 위인전에는 어릴 때는 가난했지만 각고의 노력으로 돈과 명예를 얻은 이들의 이야기가 즐비하다.

하지만 세상이 이론만으로 설명되겠는가. 곳곳에서 불평등에 관한 이야기가 들려온다. 많은 사회 비평가들이 오늘날에도 계급이 존재하는 것 아니냐면서 우려를 표한다. 한번 가난한 사람이 좀처럼 가난을 극복하기 힘든 경우가 많아졌기 때문이다. 부모님으로부터 충분히 지원을 받지 못해 공부에 매진할 수 없고, 그 결과 안정적인 직업을 얻지 못해 가난한 삶을 살 확률이 높다.

그래서일까? 통계청의 『2019년 사회 조사 결과』에 따르면 대한민국 사람들 중 본인 세대에 개인의 사회적·경제적 지위가 높아질 가능성이 있다고 생각하는 사람은 22.7%에 불과했다. 2009년에는 37.6%가 계층 상승 가능성이 있다고 응답했으니, 계층 상승 가능성을 부정적으로 생각하는 비율이 10년 새 10% 넘게 증가한 셈이다. 또한 자식 세대의 계층 이동 가능성에 대해서는 더욱 부정적으로 생각하는 경향이 짙어졌다. 희망이 있다고 생각하는 사람들이 열에 셋도 되지 않는다. 한국을 계급사회라고 표현해도 전혀 어색하지 않은 이유다.

계층 상승이 막힌 사회에선 국민들이 국가에 불평등을 해결하기 위해 강력히 개입하라고 요구한다. 아니면 민중들 스스로 혁명을 일으킨다. 한국에선 두 가지 다 일어나지 않는다. 계층 이동에 대한 부정적인 인식이 늘어나는 것과 무관하게, 일상에서 '가난'을 바라보는 고정관념이 여전히 좋지 않기 때문이다. 특히, 개천에서 용이 났던 시절의 이야기를 믿는 사람들은 소득 격차를 줄이는 정책에 대해 '노력도 하지 않은 사람에게 왜 국가가 도움을 주느냐'고 반문한다. 심지어 그 시절 감상에 젖어 있는 정치인들은 '복지가 많아지면 사람들이 게을러진다'고 말한다. 소득 차별을 줄이자는 논의를 사회주의적 발상이라고 폄훼하는 사람도 곳곳에 있다. 고등학생이 참여하는 토론 대회에서도 이런 이야기는 심심찮게 등장한다. 어릴 때부터 불평등을 극복한 인물들의 신화 같은 이야기를 습관적으로 들어 온 사람들이 여전히 가난은 개인의 잘못이라는 편견에 사로잡혀 있다는 증거다. 가난을 보란 듯이 이겨 내고 차별에서 벗어난 일부 사람의 무용담에 길들여지면, 소득 차이를 줄이려는 시도에 무조건적으로 반대할 가능성이 크다.

불평등 '벗어나기'가 아닌 불평등 '줄이기'

어느 나라를 가더라도 소득 격차는 존재한다. 직업에 따라서 소득 차이가 나는 게 문제라는 말이 아니다. 자본주의사회에서는 개인의 역량에 따른 차등적 보상이 상식으로 받아들여진다. 그러므로 소득 차이를 무작정 차별이라고 이해하지 않는다. 하지만 '완전한 평등'은 불가능하다는 사실이 '어떤 불평등'도 허용될 수 있다는 뜻일까? 아니다. 불평등을 제로로 만드는 건 지나친 상상일지 모르나, 불평등의 격차를 줄이기 위해 노력하는 것은 시민의 의무다.

'상대적 빈곤' 개념은 이런 노력의 결과로 탄생했다. 예전에는 기본적인 생계유지를 하는 데 필요한 최소한의 상황이 보장되지 않은 절대 빈곤 상태에만 주목했다. 절대다수가 가난한 시절이었기 때문이다. 하지만 현대사회에서 이런 개념으로 세상을 이해하면, 아무리 소득이 낮아도 밥을 먹을 수 있을 정도의 사람이라면 신경 쓸 필요 없다고 생각해 버린다. 그래서 최저임금을 올리자고 하면 그 돈으로도 굶어 죽진 않는다고 생각하는 사람들이 존재하는 것이다.

하루 세 끼 제대로 먹을 수만 있으면 괜찮을까? 어쩌다 영화도 보고 치킨도 한 마리 시켜 먹는 삶은 사치가 아니다. 30년 전이라면 고등학생이 휴대전화를 보유한다는 것을 상상할 수도 없었지만, 오늘날에는 매우 자연스럽다. 현대사회를 살아가려면 정보를 빨리 얻어야 하고, 이는 삶의 질과도 직접적인 연관이 있다. 인류가 함께 이룩한 세상의 장점들을 돈이 있는 자들만 누리는 건 부당하다. 이처럼 상대적 빈곤 개념을 적용하면 다른 사람보다 불평등한 위치에 놓인 사람을 발견할 수 있다.

소득 격차를 줄이려는 시도가 얼마나 이뤄지고 있는지에 따라 같은 자본주의사회에서도 다른 불평등이 발생한다. 예를 들어, 어느 사회에나 최저임금을 받는 노동자가 있지만 이들의 삶이 하나같이 다 최저는 아니다. 밥만 먹어도 행복하다고 믿는 사회와, 문화를 향유하고 정보를 이용할 권리가 누구에게나 있어야 한다고 생각하는 사회는 최저임금에 대한 출발 지점부터가 다르다.

또한 기본적인 삶을 뒷받침해 주는 정책들이 얼마나 마련되어 있는지도 중요하다. 예를 들어, 의료 보장을 제대로 갖춘 사회에서는 가난하다고 병원비로 재산을 탕진할 확률이 낮다. 어떤 나라는 소득 상위자와 하위자의 격차를 일정 범위 내로 제한하기도 한다. 공공기관 임원의 보수 상한액을 최저임금의 몇 배까지만 가능하다고 규정하는 '살찐 고양이법'은 독일·스위스·프랑스 등에서 다양한 형태로 존재한다. 이런 정책들은 불평등을 줄이기 위한 사람들의 뜻이 모인 결과다.

소득 불평등은 개인의 삶에 지대한 영향을 끼칠 뿐만 아니라, 민주와 소희의 경우처럼 사람들 사이의 관계도 틀어 버린다. 단지 가난한 사람에게만 중요한 문제가 아니다. 당신이 부자라고 치자. 지금처럼 끼리끼리 소통하다 보면 어떤 일이 벌어질까. 비슷한 생각만을 주고받으면 관점이 좁아지고, 다른 상황에 놓인 이들을 결코 이해할 수 없게 된다. 이런 사회는 결코 건강하다고 볼 수 없다.

개인이 올바른 가치관을 형성하기 위해서는 다양한 사람의 의견을 경청해야 마땅하다. 다양한 의견은 사람들의 여러 경험에서 나온다. 그런데 한국 사회에서는 어릴 때부터 세상을 보는 관점이 유사한 사람들끼리만 만나고, 그 안에서 친구 관계가 형성되는 경우가 많다. 그럼 다양한 생각이 공유될 수 없고, 자신의 생각이 옳다는 착각만 하게 된다. 사람을 만나 토론할수록 편견만 강화되는 셈이다. 소득 차이를 줄여 나가는 것, 이것은 모두의 눈과 귀를 열어 주는 가장 효과적인 방법이다.

❓ 무탈한 사회를 위해 묻다

▶ 아카데미 시상식 등 세계 유명 영화제에서 상을 휩쓴 〈기생충〉 (2019, 봉준호 감독)은 자본주의 사회의 수직적 빈부 격차 문제를 적나라하게 표현했다는 평가를 받는다. 사회문제를 다룬 이 영화가 전 세계 사람들의 공감을 두루 얻은 이유는 무엇일까?

▶ 지병으로 인해 경제활동이 어려운 삼십 대 남성이 홀어머니와 두 자녀를 부양하면서 생활고를 견디지 못해 슈퍼마켓에서 우유와 사과를 훔치다가 적발된 사건이 있었다. 이유는 '너무 배고파서'였다. 이들에게 선처를 원한 가게 주인과 밥을 사 준 경찰에게 누리꾼들은 칭찬을 마다하지 않았다. 안타까운 처지에 놓인 남성에게 직접 도움을 주고 싶다는 문의도 빗발쳤다고 한다. 이 사건은 '현대판 장발장 사건'으로 불렸는데, 남성이 평소에도 절도를 일삼았다는 게 알려지며 논란이 되기도 했다. 하지만 사람들이 온정을 베풀었다는 것은 양극화가 그만큼 심각하다는 것을 뜻한다.

가난하기에 범죄의 유혹에서 자유로울 수 없는 사람들에게 사회는 어떻게 다가가야 할까?

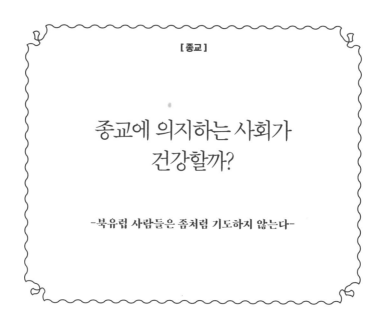

[종교]

종교에 의지하는 사회가
건강할까?

-북유럽 사람들은 좀처럼 기도하지 않는다-

⚖ 무탈한 사회를 고민하다

종교 재단이 설립한 학교, 이른바 '미션스쿨'에는 건학 이념에 따른
종교 활동이 많다. 기독교 계열 학교에는 예배와 성서 읽기 시간 등
이 있고, 불교 계열 학교에는 석가탄신일 행사 준비 등의 일이 있다.
미션스쿨의 학생들은 해당 종교를 갖지 않더라도 위의 일정에 참
여해야 한다. 이런 사례들은 종교를 강요한 학생 인권침해의 사례
로 언론에 종종 소개된다. 이에 대해 일반 고등학교를 졸업한 미진
과 미션스쿨을 졸업한 은지의 생각은 달랐다.

이미진(미션스쿨이니 별수 없다는 일반 고등학교 졸업생)

"미션스쿨에서 종교 활동을 하는 게 왜 문제야? 종교 재단이 세웠는데 종교에 관한 특색이 없는 게 더 이상하지. 저 정도를 갖고 종교의 자유를 억압한다고 볼 수는 없다고 봐. 종교 활동이 나쁜 것도 아니고, 개인에게는 종교에 관심을 가질 수 있는 좋은 기회일지도 몰라."

정은지(미션스쿨이면 종교를 강요해도 되냐는 미션스쿨 졸업생)

"헌법 제20조 1항에서 말하는 종교의 자유는 어떤 종교도 강요받지 않을 자유까지를 포함해. 미션스쿨일지라도 사회의 테두리를 벗어나면 안 되지. 또 하나 문제가 있어. 미션스쿨은 '신만 믿으면 많은 문제들이 해결된다'는 식의 믿음을 일방적으로 전달할 때가 있는데, 불평등 때문에 힘들어하는 사람에게 '신만 믿으면' 다 해결된다고 말해도 될까?

　　　　　　"국교는 인정되지 아니하며, 종교와 정치는 분리된다." 헌법 제20조 2항이다. 1항에서 종교의 자유가 언급되지만 2항은 종교의 논리가 사회에 개입할 수 없음을 못 박았다. 어떤 종교도 사회에 잣대를 들이댈 수 없다는 뜻이다. 종교를 믿을 자유는 누구에게나 있지만, 선을 넘지 말라는 엄격한 조항이다.

　대부분의 종교는 죽음 이후를 강조한다. 살아생전의 행실에 따라서 죽은 뒤에 처벌을 받거나 보상을 받는다고 믿는다. 상과 벌의 기준은 종교의 가르침을 실천했느냐에 달려 있다. 그런데 죽음 이후를 강조하는 종교는 종종 현재의 문제를 발견하고 성찰하고 개선하는 것을 주저하게 만든다.

나는 원수를 사랑했다

　아들이 유괴당해 죽어서 돌아왔다. 괴로워하는 엄마에게 주변 사람들은 '하나님'을 믿어야만 마음의 상처가 치유된다고 설득한다. 모든 것에는 하나님의 뜻이 있다는 말에 엄마는 분노한다. '사랑이 크시다는 하나님께서 왜 우리 아들이 처참히 죽도록 내버려 두었느냐'면서 비웃는다. 그러던 엄마가 우연히 들른 교회에서 가슴이 찢어질 듯 통곡하고 신자가 된다. 조금씩 마음의 안정을 찾아가던 어느 날, 엄마는 가해자를 용서하겠다는 큰 결심을 하고 교도소를 찾는다. 아들을 죽인 원수를 사랑하기는 쉽지 않지만, 그게 하나님의 뜻이기에 따르고자 했다. 하지만 웬걸? 살인자는 마치 자신이 신이라도 된 듯 얼굴이 평온하다. 자기는 이미 용서받았단다. 감옥에 있는 동안 사랑이신 하나님을 만나서 간절히 기도를 하니, 전지전능한 그분이 불쌍한 영혼을 구원하셨다나 뭐라나. 혼자 북 치고 장구 치는 것으로도 모자라 '앞으로 마음 앓지 말고 편안하게 살라'는 조언까지 한다. 엄마는 쓰러진다.

이청준 작가의 『벌레 이야기』(1985)를 원작으로 만든 이창동 감독의 영화 〈밀양〉(2007)의 내용이다. 종교가 구원이라는 이름으로 어떻게 개인을 지배하고 타인을 괴롭힐 수 있는지를 적나라하게 보여 준다. 세상의 문제를 세상 안에서 다루지 않는 공허함, 그리고 사람과 사람 사이의 문제를 사람과 신의 관계로 돌려 버리는 허무맹랑함에 대해서 매우 사실적으로 다루고 있다. 영화 개봉 당시에는 종교계의 거센 반발이 있었다. 하지만 평론가들은 〈밀양〉이 신앙인의 진정한 고민이 무엇이어야 하는지를 묻는 영화이지, 반종교적인 내용을 담고 있는 영화가 아니라고 강조했다.

종교를 부정한다는 오해가 두려워 종교의 부정적인 점을 외면하면 되겠는가. 혹시나 일상 속에서 종교가 편견을 심어 주고 있지는 않은지 의심해 볼 필요가 있다. 모든 현실의 문제를 종교적 가치관으로 해석하는 사회는 결코 모두를 위한 사회라고 할 수 없으니 말이다.

1991년 봄, 내가 중학생 때의 일이다. 그 당시 남학생들의 두발 규정은 3센티미터였으니, 말 그대로 빡빡머리를 하고 등교했다. 부당하다고 느꼈지만 그때는 세상이 다 그런 줄 알았다. 규정을 어기면 무려 '두발 불량자'로 호명되었다. 머리 길이 3센티미터가 넘었다고 해서 왜 불량인지는 지금도 의문이지만, 그때는 그게 당연했다. 불량 학생에 대한 처벌은 가혹했다. 주말에 이발하는 것을 깜빡한 나는, 자를 들고 매의 눈으로 교문 앞을 지키는 교사에게 붙잡혔다. 평소 체벌을 밥 먹듯이 하기로 유명하던 그 교사는 질겅질겅 씹던 껌을 내 머리에 진득하게 붙였다. 하루 종일 놀림감이 되었다. 고작 열네 살의 아이가 견디기 힘든 수모였다. 심지어 인권침해로부터 나를 보호해야 할 다른 교사들까지도 동조했다. 학교에 인권 따위는 없던 시절이었다. 불시에 가방을 털털 터는 소지품 검사를 받은 적이 있는데, 나는 만화책 한 권이 나왔다는 이유로 많이도 맞았다. 때린 교사가 징계받았다는 이야기는 듣지 못했다.

학교 폭력이나 교사의 권위주의가 이 글의 주제는 아니다. '그 시절에 나는 방황하지 않았다'는 생뚱맞아 보이는 이야기를 하려고 한다. 분노에 사무쳐 나쁜 짓을 할 만도 했지만, 나는 '신앙심'으로 버텼다. 원래부터 신앙심이 투철했던 것은 아니다. 가톨릭 모태 신앙이라 어릴 때부터 주일 학교를 다녔지만, 인생이 순탄할 때는 미사조차도 지겹다고 생각했다. 좋아하는 사람이 생기면 그 아이도 나를 좋아하게 해 달라고 빌었던 정도였다. 하지만 학교에서 늘 폭력에 노출되고, 또 이를 묵인하는 사회시스템 안에서 미약한 개인으로 살게 되니 상황이 달라졌다. 전지전능한 신에게 기도할 것이 많아졌다. 처음에는 나 대신 복수해 달라고 기도했다. 초능력을 달라고도 애원하기도 했다. 그런데 이런 억울함은 신부님의 말씀에 곧 수그러졌다. "예수께서 말씀하셨다. 원수를 사랑하여라." 나에게 부당하게 대한 사람도 사랑해야 하고, 용서가 곧 천국으로 가는 지름길임을 잊어서는 안 된단다.

나는 너무 이기적이었다. 내가 상처받았다는 사실에만 집착했다. 생각을 고쳐먹고, 모든 시련을 내가 성장하는 디딤돌로 받아들이기로 했다. '그분들 덕택에 나는 폭력에 반대하게 되었으니 얼마나 다행인가?' 하는 놀라운 해석도 주저하지 않았다. 심지어 '선생님들을 미워했다'고 고해성사까지 하면서, 있지도 않은 내 죄가 용서받길 원했다. 물론, 내가 기도하고 체제에 순응하는 사이에도 학교 현장에서 '사랑의 매'는 사라지지 않았다. 아니, 맞은 자가 순응했으니 사라질 이유가 없었다.

종교의 힘은 대단했다. 험난한 세상에서 나를 지켜 주는 유일한 안식처였다. 괜한 상처를 받지 않으려고 노력하니 사회가 엉망이라면서 씩씩거릴 일도 사라졌다. 마음이 편안해지니 학교생활도 순항했다. 이후에도 교사들의 이유 없는 폭력을 여러 번 경험했지만, 난 일희일비하지 않는 마음으로 살았다. 내가 불교를 믿었어도 결과는 같았을 것이다. '일체중생이 모두 부처'라는 가르침에 따라 내 안에 부처님의 마음이 있다고 생각하고 다른 사람도 부처님처럼 대했을지도 모른다. 득도의 경지에 이르게 된 나, 결국 단 한 번도 부당함에 항의하지 못하고 학창 시절을 마쳤다. 나는 기도의 힘으로 어려움을 극복한 것일까? 아니면 종교를 핑계 삼아 현실에 순응한 것일까?

마르크스가 말했다, 종교는 아편이라고

사회학은 신을 분석하지는 않지만, 신을 믿는 '사람들'은 분석한다. 종교 자체의 논리적 오류를 들춰내는 것은 사회학의 영역이 아니지만, 종교의 가르침을 곧 사회의 도덕이자 윤리로 여기는 행동이 옳은지에 대해서는 사회학적 관점에서 따져 볼 필요가 있다. 누가 어떤 종교를 믿는지가 중요한 게 아니라, 그 믿음을 어떻게 일상에서 실천하는지를 들여다보아야 하는 것이다. 쉽게 말해 종교를 믿는 것과 종교에 의지해 세상만사를 보는 것은 다른 문제다.

종교의 핵심은 '사후 세계'에 있다. 현실에서 도덕적으로 살아야 죽어서도 영원한 생명을 얻을 수 있다는 교리를 여전히 많은 사람들이 따르고 있다. 이 가르침이 합리적인지 아닌지 따져 보는 것은 무모하다. 믿음은 어디까지나 개인의 존엄한 영역이기 때문이다. 하지만 여기서 말하는 '도덕적으로 산다'는 건 무슨 뜻일까? 내가 학교의 폭력을 용서하면서 체제에 잘 적응했던 사실을 떠올려 보자. 머리 길이가 3센티미터면 도덕적인 학생이고, 4센티미터면 불량 학생으로 간주되어 체벌을 받는 게 정당할까? 학교 선생님에게 한마디 항의 없이 무조건 복종하는 태도가 옳은 것일까? 그러나 나는 원수를 사랑하라는 종교의 가르침에 따라서 불합리에 순응했다.

인류 역사에서 가장 큰 영향력을 준 사상가로 꼽히는 정치경제학자 카를 마르크스Karl Marx는 종교를 민중의 아편이라고 했다. 종교는 고통을 치유하기 위해 철저히 인간이 만들어 낸 허상에 불과하다는 말이다. 오직 이윤만을 추구하는 자본주의사회에서 착취만 당하는 노동자들이 별다른 저항을 하지 않는 이유가 종교 때문이라고 했다. 이를테면 이런 식이다. 잔인한 사회를 살아가는 사람들이 교회에 가서 따뜻한 위로를 받고 잠시나마 고통을 잊는다. 신의 섭리에 충실할수록 나의 처지에 수긍하며 모든 것을 인과응보로 여겨 버리게 된다.

종교의 교리를 고등학생 시절의 나처럼 이해하게 되면, 부조리를 참아야 죽어서 행복할 수 있다고 믿게 된다. 현실 세계의 부당함에 항거하지 못하고 고단함을 받아들이는 것이다. 마르크스의 눈에는 이런 사람들이 마치 고통을 잊기 위해 마약을 찾는 사람들처럼 보였다. 일시적인 쾌락을 잊지 못해서 몸이 망가져도 찰나의 정신적인 위로에만 만족하는 사람들 말이다.

종교에 지나치게 빠지면 개인과 사회의 관계는 부정된다. 마르크스가 보기에, '부자가 하느님 나라에 들어가는 것보다는 낙타가 바늘귀로 빠져나가는 편이 더 쉬울 것이다', '마음이 가난한 사람은 행복하다. 하늘나라가 그들의 것이다' 등의 성서 구절을 읽고 무서워하는 자본가는 없었다. 다만 힘겹게 살아가는 노동자들이 이런 구절을 읽고 '욕심 없이 살았으니 죽어서 보상받을 것'이라는 순진한 희망을 품게 되는 효과는 있었다. 즉, 가난한 자가 그릇된 세상에 혹시라도 불만을 가지는 것을 단념시키는 기능을 하는 것이다. 종교는 신분과 계급에 따라 차별받는 이들을 위로하는 역할을 하는 듯 보이지만, 사실 그 위로에는 '분수에 맞게 살자'는 속뜻이 숨어 있다는 말이다. 오늘날에는 예외일까?

세계 100대 지식인 중 5위에 올랐던 크리스토퍼 히친스Christopher Hitchens는 저서 『자비를 팔다』(1995·한국어판 2008)에서 가난한 이들의 어머니로 알려진 테레사 수녀Mother Teresa를 거침없이 비판한다. 특히 고통받는 사람에게 시도 때도 없이 참으라고, 운명을 받아들이라고 말했던 수녀의 발언에 주목했다. 한편 미국의 흑인 운동가 말콤 엑스Malcolm X는 이렇게 말했다. "종교의 위대한

업적은 미국에서 차별받는 흑인들을 순한 양으로 만들었다는 점이다."

북유럽은 왜 신 없는 사회일까?

불평등이 심하고 차별과 혐오가 만연한 사회일수록 종교가 잘못된 사회시스템을 방조하는 역할을 한다. 종교를 믿는 이들의 순수성을 폄훼했다며 화를 내는 독자가 있을지도 모르겠다. 하지만 물음표를 던져 보아야 불평등이 계속 유지되는 사회의 속살을 알 수 있다. 미국의 사회학자 필 주커먼Phil Zuckerman 은 저서 『신 없는 사회』(2012)에서 신앙심이 개인의 의지 문제가 아니라, 사회시스템의 형태와 밀접히 연결되어 있음을 증명했다. 그는 미국과 북유럽 나라들을 관찰하면서 사람들의 기도 습관이 완전히 다르다는 사실에 주목했다.

미국인들은 평생 신에게 기도한다. 아침에는 도와 달라는 기도를 하고, 저녁에는 도와주심에 감사하다고 기도한다. 밥 먹기 전에도, 먹은 뒤에도 한다. 반면에 한때 강력한 종교사회였던 북유럽 사람들의 신앙심은 대단히 형식적이다. 사람들 사이에서 벌어지는 일에 신이 직접적으로 영향력을 행사한다는 식의 발상을 하지 않는다. 쉽게 말해 일상생활에서 신이 자주 호출되지 않는다. 상대적으로 미국인들은 신이 오늘 하루 동안에도 자신의 곁에서 순간순간 개입할 수 있다고 믿고, 또 그 덕에 무사히 산다고 여긴다. 그들은 총기를 규제하는 사회를 만들 생각은 하지 않고, 총을 맞지 않고 살게 해 달라고 매일 기도한다. 양극화가 심해지고 우범지대가 많아져서 개인이 범죄에 노출될 확률이 높아지면, 이러한 사회문제를 해결하려 하지 않고 오늘 하루를 지켜 달라고만 기도한다. 이런 질문을 던져 볼 수 있다. 만약 개인이 일상에서 느끼는 불안의 정도가 사회적 차원에서 감소한다면, 기도하는 간절함이 지금처럼 계속 유지될까?

우리나라라고 예외겠는가. 한 외국인이 빨간 십자가가 즐비한 서울 야경을 보고서 "한국에는 왜 이렇게 무덤이 많아?"라고 물었다는 말이 있을 정도로 우리나라에는 교회가 많다. 이 좁은 땅에 이토록 십자가가 많은 이유는 그만큼 기도할 일이 많기 때문이다. 한국 사람들의 기도 목록은 참으로 길다.『그 남자는 왜 이상해졌을까』(2016)를 집필할 때, 왜 사오십 대 여성들이 종교활동에 적극적인지를 취재한 적이 있었다. 자녀의 입시와 취업을, 그리고 남편의 승진이나 사업 성공 등을 주로 기도했다. 그런데 이 기도 목록은 전부 고질적인 한국의 사회문제다. 학력주의가 팽배하니 대학 이름이 중요하고, 소득 격차가 심각하니 어떤 회사에 취업하는지가 중요하다. 취업을 한 뒤에도 조직에서 인정받아야 한다. 불안의 크기만큼 간절함도 커지니 당연히 기도 목록이 길어질 수밖에 없다.

예를 들어, 아버지가 갑자기 큰 병에 걸렸다는 사실을 알고 대학생인 아들이 충격을 받았다고 치자. 그때는 누구라도 종교가 있든 없든 신에게 의지하고 싶을 것이다. 그런데 의료 시스템이 미비한 나라일수록 사람들의 기도가 더욱 절박할 확률이 높다. 모든 나라의 사람들이 높은 병원비를 걱정하지는 않는다. 수천만 원의 병원비와 약값을 오롯이 감당해야 한다면, 아버지의 건강 외에도 '병원비'를 해결해 달라고 기도해야 하지 않겠는가. 우리나라의 경우, 대학생인 아들은 아버지의 부재가 가져다주는 경제적 고통까지 감내해야 한다. 성인이 되면 경제적으로도 독립이 가능한 사회에서는 이런 공포감이 상대적으로 적다. 사회 시스템이 개인을 구해 줄 수 없어, 신에게서 구원을 찾는지도 모른다.

종교를 믿는 한국인 모두가 이런 이유로 기도하진 않을 테다. 하지만 차별과 혐오가 일상적인 곳일수록 기도할 이유가 많아지는 것은 분명하다. 불평등의 크기가 클수록 불안해하는 사람도 많아진다. 더 평등해져서 종교를 찾는 사람들이 줄어드는 세상이라면 어떨까. 나는 이를 심각한 문제라고 생각하지 않는다.

⑦ 무탈한 사회를 위해 묻다

▶ 전설의 록 밴드 비틀스의 멤버 존 레논John Lennon은 솔로 활동 당시 반전운동을 활발히 했다. 베트남전이 한창이던 1971년에 발매된 앨범의 타이틀곡 〈이매진(Imagine)〉을 보면, 감성적인 멜로디와 달리 가사는 매우 파격적이다. 천국이 없다고 상상하고 (Imagine there's no heaven), 우리 밑에 지옥 따위 없고, 위로는 하늘만 있다(No hell below us, Above us only sky)고 여겨야 모두가 평화롭다는 내용으로 노래는 시작된다. 〈이매진〉이 지금까지도 평화를 상징하는 대표적인 노래로 소개되는 이유는 뭘까?

▶ '코로나19 바이러스'가 대구·경북 지역에서 폭발적으로 늘어날 당시, 특정 종교가 도마 위에 올랐다. 이때 신자를 전수조사하기가 어려워서 방역 당국이 애를 먹기도 했는데, 신자 중에는 집에서조차 행방을 알지 못하는 이십 대가 많았다. 이들은 네다섯 명씩 모여 살면서 포교 활동을 하기도 했다.
이 사건 이후로 '왜 지방에서 살아가는 청년들이 일상을 포기하고 특정 종교에 관심을 가지게 되었을까'라는 물음에 답을 찾자는 움직임이 있었다. 현실에서 상처받은 개인은 어떻게, 그리고 왜 종교의 문을 두드리게 되는 걸까?

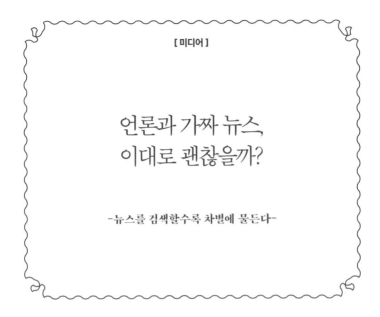

언론과 가짜 뉴스,
이대로 괜찮을까?

-뉴스를 검색할수록 차별에 물든다-

무탈한 사회를 고민하다

대학에서 학생들이 주제를 정해 찬반 토론을 하는 시간이었다. 안
건은 '세월호 생존자 대학 특례 입학, 과연 공정한가?'였다. 세월호
에 탑승해 수학여행을 떠났던 325명 중 가까스로 구조된 학생은
75명이다. 이들에 한하여 대학 자율로 학교 정원의 1%까지 '정원
외 특별 전형'이 가능하다는 특별법이 특혜인지 여부를 두고 논란
이 일어날 때였다. 이에 대한 두 명의 생각은 달랐다.

이현수(신문을 읽고 분노한 대학생)

"세월호 사건은 매우 안타깝지만, 이 사건의 생존자라고 해서 이렇게까지 특혜를 받을 이유는 없다고 생각합니다. 얼마 전에는 유가족이 세월호 희생자를 의사자로 지정해 달라고 요구했다는 기사를 봤습니다. 그런데 특례 입학까지 바라다니, 황당합니다."

김수호(신문의 자극적인 보도에 분노한 대학생)

"짚고 넘어갈 게 있습니다. 유가족들은 세월호 희생자의 의사자 지정을 요구한 적이 없습니다. 또한 세월호 피해자를 위한 특별 전형을 만들어 달라고 먼저 말한 적도 없고요. 인터넷에 떠도는 거짓 정보로 토론에 임해서는 안 된다고 생각해요."

논란이 된 특별법 내용들은 정치권이 경쟁하듯이 법 조항을 넣고 빼는 과정에서 등장했다. 유가족들은 일관되게 진상 규명만을 요구했을 뿐이다. 하지만 일부 언론들은 '특혜', '세금 낭비' 등의 자극적인 말을 쓰며 사실이 확인되지 않은 정보를 쏟아냈다. '세월호 망언'으로 유명한 한 정치인은 2020년 4월 국회의원 후보 TV 토론회에 나와서, 유가족과 자원봉사자가 부적절한 관계를 맺었다고 주장했다. 근거는 '인터넷'이 전부였다. 관련 내용이 인터넷 언론사 딱 한 곳에서 등장하긴 하는데, 기자 이름이 없고 사실 확인도 어려운 전형적인 '막장 보도'에 지나지 않았다. 여러 유튜버에 의해 퍼진 거짓 정보를 이 정치인은 진리로 여겼던 셈이다. 도대체 인터넷 세상에서는 무슨 일이 벌어지고 있는 걸까?

인터넷에 다 있으니 독서는 필요 없다?

"독서가 꼭 필요한가요?" 작가와의 대화 시간에 나온 질문이었다. 순간 내 귀를 의심했다. 어떤 질문도 괜찮다고 말을 하긴 했지만, 제일 먼저 손을 든 사람이 이런 질문을 할 것이라고는 예상을 하지 못했기에 적잖이 당황스러웠다. 하긴, 요즘은 대학교에서도 책을 읽고 비평문을 작성하라는 식의 과제가 사라졌으니 놀랍지는 않다. '읽는 게' 아니라 '검색해서' 과제를 하니 말 그대로 무용하다. 궁금한 점이 있으면 바로 인터넷 검색을 하는 게 당연한 시대다. 최소한 반나절은 투자해야만 정보가 추려지는 책 읽기에 매진할 리가 있겠는가.

고등학교에서 1년간 강의를 하면서, 내가 황당하게 여겼던 질문 그대로 토론을 한 적이 있다. '독서가 꼭 필요한가?'라는 주제를 이상하다고 여기는 사람은 아무도 없었다. 이미 익숙한 고민이라는 말이다. '독서의 필요성을 따지는 게 말이 되냐'면서 항의할 사람이 있을 줄 알았던 내 예측도 당연히 빗나갔다.

'당연히 필요하다(찬성)'는 측에 맞서 '굳이 필요한 건 아니다(반대)' 측의 입장이 활발히 전개되었다. 이들은 확신에 찬 얼굴로 나름의 근거를 조목조목 제시했다. 다만 어떤 논리든 결론은 같았다. 인터넷의 시대에 책장을 넘겨 가며 밑줄을 치는 독서는 효용이 없다는 것이었다. 시간 낭비라는 말이다. '기승전-인터넷'이 이야기의 전부였다. 책 읽기를 멀리하는 게 잘못은 아니지만, 독서 자체가 이렇게 찬밥 신세일 줄은 몰랐기에 당황했다. 찬성 측에서 '책만의 가치가 있다'고 이야기하니, 조롱 섞인 답변이 날아왔다. "책을 읽어서 뭐 해요? 검색하면 다 알 수 있는 내용이잖아요."

독서가 단순히 정보 습득만을 위한 행위라면 틀린 말은 아니다. 예를 들어, 조세희 작가의 『난장이가 쏘아 올린 작은 공』에 대해 아는 데는 10초면 충분하다. 몇 년도 작품이고, 주제 의식과 줄거리가 무엇이며, 등장인물이 누구인지 검색해 보면 바로 알 수 있다. 누구나 이를 가능케 하는 '스마트'한 기계를 손에 쥐고 있다. 사람들은 진짜 스마트해진 걸까? 정말 그렇다면 문제될 것이 있겠는가. 똑똑해진 물건 덕택에 우리가 살고 있는 사회의 편견이 줄고 사람들이 더욱 너그러워졌다는 증거가 넘쳐 난다면 독서가 뭐 그리 중요하겠는가.

고등학교나 대학교에서 토론을 진행하다 보면, 표현의 자유라며 '차별도 찬성할 수 있다'는 사람을 자주 만난다. 그렇게 생각하는 근거를 물으면, 인터넷에서 보았다는 답변이 돌아온다. 토론 도중에 스마트폰을 검색하며 내용을 줄줄 읽기도 한다. 성소수자 논쟁을 보자. 타고난 개인의 성적 지향은 타인이 옳다 그르다 할 문제가 아니지만, 신기하게도 찬반이 갈린다. 정확히는 반대편이 더 많고 더 당당하다. 동성애는 결코 인정할 수 없는 비도덕적인 행위라고 확신하기 때문이다. 주장을 뒷받침할 근거를 들라고 하면, '동성애 때문에 에이즈에 걸린다'고 말한다. 거짓 정보라고 바로잡아 줘도 스마트폰을 꺼내 들고 기사를 찾아낸다. 그 기사를 사실이라 우기며 동성애자를 혐오할 권리가 있다고 주장한다.

유튜브에서 다음과 같은 영상을 쉽게 찾아볼 수 있다. '타고난 동성애자는 존재하지 않는다. 동성애는 나쁜 환경에 노출되어 생긴 질병이다. 그러므로 당연히 고칠 수 있다. 동성애를 치료하지 않으면, 에이즈에 걸려서 죽는다. 내버려 두면 우리 자손들도 위험해질 수 있으니 묻지도 따지지도 말고 결사반대하자.' 이런 틀린 정보가 '1인 미디어'를 자처하는 사람의 입에서 흘러나온다. 물론 가짜 뉴스다. 에이즈는 동성 간이든 이성 간이든 감염자와의 성관계를 통해 전파된다. 하지만 이런 거짓 정보를 전파하는 채널은 지금 이 순간에도 우후죽순 생겨나고 있으며, 이 중 구독자 수가 꽤 되는 채널도 있다. 많은 사람들이 이런 영상에 동조하며 퍼 나른다. 전혀 '스마트'하지 않은 뉴스가 스마트폰을 통해 더 빠르게 확산한다.

예전과 맥락이 달라진 지점은 여기에 있다. 옛날에는 잘 몰라서 폭력을 행사하는 경우가 많았다. 아무도 동성끼리도 사랑할 수 있다고 말해 준 적이 없었기에 세상의 진리를 한쪽의 눈으로만 보았다. 별다른 의심 없이 태초에 가부장제가 존재했다고 믿으며 여성을 차별했다. 한정된 장소에 살면서 자신과 비슷한 피부 색깔과 눈동자를 지닌 사람들만 만났기에 다양성을 상상할 수 없던 것이다. 옛날 사람들은 정보를 얻기가 어려웠으며, 견고한 세상의 틀 때문에 아예 다른 생각을 할 수 있는 여지조차 없었다.

하지만 지금 사람들은 수많은 정보 속을 헤엄치며 산다. 이들은 각자의 이유와 근거를 갖고 상대방을 차별하고 혐오한다. 스마트폰을 만지작거리며 나름의 정보 검색을 했으니, 스스로가 매우 합리적이라고 자부한다. 과거의 무지한 차별이 현대에는 논리적인 혐오로 진화한 셈이다.

편견으로 가득한 뉴스, 거짓 정보가 넘치는 세상

미디어(media)가 존재한 이래 가짜 뉴스가 없던 적은 없다. 미디어는 중개·매개의 뜻을 지닌 '미디엄(medium)'의 복수형으로, 정보가 다른 쪽으로 이동한다는 뜻을 담고 있다. 이때 전달 수단의 영향을 받지 않는 정보는 존재하지 않는다. 날것 그대로의 정보가 이동되지는 않는다는 말이다. 전령병들이 정보를 전달하던 옛날에도 마찬가지다. '군사를 지원해 달라'는 같은 말을 전달하더라도, 전달자의 눈빛과 표정에 따라 간절함의 크기가 다르게 다가올 수밖에 없다. 나폴레옹은 프랑스에서 용맹하고 위엄 있게 그려지지만, 영국에서는 탐욕스럽고 오만하게 묘사되지 않았는가. 동일한 정보에 대한 덧칠된 해석이 달랐기 때문이다. 한마디로, 정보가 오가는 곳에는 가짜 뉴스가 존재할 수밖에 없다. 옛날 로마 황제들은 유언비어 감시자를 고용해서 매일 보고서를 올리게 했을 정도다. 가짜 뉴스는 기술의 발전으로 정보 전달의 속도가 비약적으로 빨라지면서 더욱 범람한다. 미국의 시사 주간지《타임》은 1923년부터 정보의 사실 확인을 위해 (지금으로 따지면) '팩트 체크' 부서를 두었다.

매스미디어(mass media)는 많은 사람에게 대량으로 정보와 사상을 전달하는 매체를 말한다. 신문·라디오·TV가 등장하면서 전달되는 정보의 양은 폭발적으로 늘어났으며, 전달 속도와 범위 역시 과거와는 완전히 달라졌다. 이는 기술 문명의 장점이지만, 한편으로는 잘못된 정보가 순식간에 너무 많은 사람에게 퍼질 수 있는 위험이 생겼다. 전달자의 편견이 개입된 잘못된 정보가 널리 퍼질 수도 있는 상황이 도래한 것이다. 허리케인으로 홍수가 났는데, 언론은 손에 무언가 들고 물길을 헤쳐 나가는 흑인을 두고 '식료품점을 약탈(looting a grocery store)'했다고 말한다. 똑같은 행동을 한 백인에게는 '상점에서 빵과 마실 것을 발견하여(finding bread and soda from a local grocery store)' 탈출하는 중이라고 보도한다. 논란이 되었을 때는 이미 수백만 명이 기사를 보고 난 다음이었다. 1905년이 아니라 2005년에 있었던 일이다.

국내 상황을 살펴보자. 1980년에는 한국산 호랑이가 야생에서 발견되었다는 신문 기사가 사진과 함께 등장한다. 온 나라가 들썩였지만 실제로는 동물원에서 촬영된 벵골산 호랑이였다. 2014년 4월 16일, 세월호에 탑승한 학생들이 전원 구조되었다는 충격적인 오보를 우리는 기억하고 있다. 1986년에는 북한의 김일성 주석이 사망했다며 잘못된 기사가 난 해프닝이 있었고, 2003년에는 공중파에서 빌 게이츠가 피살되었다는 가짜 뉴스를 내보내는 사고가 발생했다. 해당 방송사는 16분이 지난 뒤 사실무근이라면서 정정했지만, 이미 수많은 사람들에게 거짓 정보가 퍼진 뒤였다. 이는 미국의 한 네티즌이 가짜 CNN 사이트에 올린 거짓 뉴스를 우리나라 방송사에서 속보로 내보낸 것으로 밝혀졌다. 2020년 7월 9일 오후, 서울 시장이 실종되어 경찰이 수색을 할 때에도 '시신을 발견했다'는 뉴스가 등장했다. 경찰이 발견한 시간보다 무려 6시간 전이었다.

왜 가짜 뉴스가 범람하는가

'디지털 시대'라는 말에는 과거보다 좋은 세상에 대한 막연한 기대감이 담긴 듯하다. 하지만 디지털 시대에도 명암이 있다. 정보가 빨리, 그리고 넓게 퍼지는 세상에서 뒤처지면 끝장이라는 언론의 조바심은 더욱 커졌다. 독자와 시청자를 빼앗길 걱정에 언론으로서 반드시 거쳐야 할 과정을 생략해 버리는 일도 많아졌다. 주류 언론의 상황이 이러하니, 어떻게든 시장에서 살아남아야 하는 작은 언론사가 취재 윤리를 지키지 않는 일은 비일비재하다. 거짓으로 사람을 끌어모으는 1인 방송이 계속해서 등장할 수밖에 없는 구조다. 그렇다고 큰 언론사가 대단히 모범적이지도 않다.

허위 보도·오보 등을 뜻하는 가짜 뉴스가 어제오늘의 일은 아니지만, 디지털 시대가 도래한 최근에는 더욱 주목받고 있다. 영국 출판사 하퍼콜린스는 2017년 올해의 단어로 '가짜 뉴스 (fake news)'를 뽑았다. 그런가 하면 옥스퍼드 영어 사전을 펴내는 옥스퍼드대학출판부는 2016년 올해의 단어로 '탈진실(post-truth)'을 선정했다. 이는 단순한 오보를 넘어서, 완전히 악의적으로 조작된 정보가 공공연하게 사회를 떠돌고 있음을 짚고 있다.

여기서 탈진실은 황색 언론(yellow journalism)의 문제와는 결이 다르다. 황색 언론은 흥미 위주로 자극적인 보도를 하는 언론사의 문제다. 처음에는 정치·사회면만 다루던 신문들이 독자를 유인하기 위해 스포츠 보도의 비중을 늘렸다. 그러다가 아예 스포츠 신문이 별도로 만들어졌는데, 이 신문들은 연예계 소식이나 저질 농담 등을 담으며 독자의 흥미를 끌고자 했다. 나아가 선정적인 광고와 음모론 기사만을 싣는 일요판 신문을 발행하기도 했다. 그런데 이런 정보들을 기존의 신문과 분리해서 싣다 보니, 오히려 사람들은 뉴스를 가려서 읽게 되었다. 영향력 있는 정치인이 황색 언론의 기사를 신뢰하면 '수준 낮다'는 평가를 받았다.

그러나 지금은 특정 매체에 국한하여 거짓 뉴스가 유통되지 않는다. 누구나 1인 방송을 송출할 수 있는 시대에는 오로지 조회 수와 구독자 수가 수익을 결정한다. 진실이 아닌 정보가 그럴듯하게 포장되면 더 빠르게 퍼져 나가게 된다. 이제 가짜와 진짜를 구분할 수 없는 세상이 왔다.

검색을 사색이라고 착각하는 사람들

아돌프 히틀러 ^{Adolf Hitler}가 독일에 라디오를 대중적으로 보급한 시기와 유대인 혐오 정서가 퍼진 시기는 일치한다. 그저 우연일까? 독일인 아무개가 시사와 국제 정세에 관심을 갖고자 미디어를 가까이해도, 라디오에서는 항상 게르만족이 세계에서 제일 우수하다고 떠드는 전문가의 이야기가 흘러나왔다. 이 라디오를 경청한 사람들이 홀로코스트에 동조했다. 사람들이 아무것도 몰라서 홀로코스트에 동조한 게 아니라는 말이다. 전문가들의 의견을 듣고 심사숙고해서 내린 결론이었다.

흥미로운 사실은, 당시 나치 정권의 선전 장관으로서 거짓 뉴스를 만들고 전파했던 요제프 괴벨스 ^{Joseph Goebbels}를 비판하는 내용 중에 또 거짓 뉴스가 있다는 것이다. '나에게 한마디만 달라. 그러면 모두를 범죄자로 만들 수 있다', '거짓말은 처음에는 부정되지만 되풀이하면 결국 모든 사람이 믿게 된다' 등의 말들은 괴벨스가 프로파간다의 달인임을 설명할 때 단골로 등장하지만, 출처가 불분명하다. 오히려 괴벨스는 나치 사상을 진리로 여기며 이런 말을 했다. "거짓말은 언젠가 무너지고, 그 위에서 진실이 승리할 것이다." 즉, 그는 거짓을 전파하면서 스스로는 거짓말을 한다고 생각하지 않았다. 그런데도 괴벨스를 선동의 달인으로 다루는 매체들이 늘어나더니, 없던 말들이 그럴싸하게 포장되었다. 괴벨스라는 흥미로운 인간을 더욱 나쁘게 묘사해야만 대중들이 관심을 갖기 때문이다. 대중 선동의 나쁜 예를 설명하면서 마찬가지의 방법으로 대중을 선동한 셈이다.

'방관자 효과'를 설명하면서 자주 등장하는 예시도 마찬가지로 거짓 뉴스였다. 1964년,《뉴욕타임스》는 아파트 앞에서 여성이 살해당하는 동안 38명의 주민이 아무도 돕지 않았다는 기사를 보도한다. 이 사건은 누구든 '나 말고 다른 사람이 신고하겠지'라고 안일하게 생각하는 방관자가 될 수 있다는 심리학 이론으로 수십 년간 소개되었다. 이를 계기로 911 신고 시스템이 마련되었을 정도다. 하지만 놀랍게도 모든 게 가짜 뉴스였다. 피해자의 동생이 추적한 끝에 2016년이 되어서야 전모가 밝혀진다. 목격자가 38명이나 되었다는 정보는 언론사가 부풀린 내용이었다. 아무도 도와주지 않았다는 것도 거짓이었다. 하지만 이 사건을 대도시의 삭막함과 연결하고 싶었던 기자들은 내용을 적절히 각색했다. 그럴싸하니 사람들은 믿어 의심치 않았다.《뉴욕타임스》는 52년 만에 오보를 인정하는 사과 기사를 실었다.

"The media do not tell people what to think, but tell them what to think about." 미디어의 속성을 표현한 문장이다. 미디어는 우리에게 생각하는 법을 알려 주지 않고, '무엇을' 생각해야 하는지를 일방적으로 강요한다는 뜻이다. 과거 독재 정권은 언론을 통폐합하여 감시하고, 편집국에 정보원들을 배치해 보도 방향을 일일이 하달했다. 독재자 대통령이 미국 대통령을 만났다는 소식은 대문짝만하게 1면에 실렸지만, 정부를 비판하는 대학생들의 민주화 시위는 사회면 하단에 매우 부정적인 논조로 짤막하게 나갔다. 정보가 유통되는 채널을 정부가 독점하여, 다양한 생각 자체를 막았던 시대였다.

지금 한국에는 그런 독재자가 없지만, 가짜 뉴스는 더욱 많아졌다. 디지털 시대의 민낯을 비판한 미국의 미래학자 니콜라스 카Nicholas Carr는 그의 저서 『생각하지 않는 사람들』(2011)에서 정보 검색의 편리함이 사색의 편협함으로 이어질 수 있다고 경고한다. 흥미 위주의 실시간 기사들을 클릭하며 시간을 보내는 자신을 발견한 경험은 누구에게나 있다. 마우스가 움직이는 대로 (하지만 그 마우스는 결코 스스로 작동하지 않는다!) 시간을 허비하다 보면 내가 원래 하려던 일을 깜빡하게 된다. 이런 경험, 누구에게나 있지 않은가?

검색이 사색을 대신한 시대에 사람들은 숲이 아니라 나무, 아니 나무는커녕 잔가지와 나뭇잎만을 붙들고 바라본다. 그러면서 숲을 보았다고 착각한다. 지금 이 순간에도 대중의 관심을 끌기 위해 언론사는 자극적인 제목을 뽑고, 허위 보도도 마다하지 않는다. 하지만 사람들은 알고리즘·빅데이터 등 과학적인 말로 포장된 검색엔진을 무작정 신뢰하고, 이를 통해 얻은 자료를 결코 의심하지 않는다.

검색하면 다 있는데 책을 왜 읽냐는 사람들에게 다시금 묻고 싶다. 찾고 싶은 것만 찾아보며 사람에 대한 혐오와 차별을 정당화하는 가짜 뉴스를 진짜 뉴스로 받아들이지는 않는가? 첨단 기술의 시대에 미디어를 어떻게 받아들여야 하는지 고민해 보아야 할 시간이다. 우리는 정말로 스마트해졌을까?

❓ 무탈한 사회를 위해 묻다

▶ '코로나19' 사태가 한창일 때, 가짜 뉴스는 넘쳐 났다. 가글을 하면 바이러스가 사라진다는 등의 가짜 정보가 돌아다녔다. 주류 언론들도 정부가 중국에 마스크를 무료로 줬다거나, 선거를 앞두고 일부러 코로나 검사를 하지 않았다는 식의 허위 보도를 일삼았다.

이러한 허위 보도가 유난히 많았던 때를 떠올려 보자. 왜 특별한 사건이 발생할 때 가짜 뉴스가 더 많이, 더 넓게 퍼지는 걸까?

▶ 북한과 관련된 가짜 뉴스가 특히 많다. 우리나라 언론에서 '처형당했다'거나, '숙청당했다'고 보도했던 사람이 며칠 뒤 버젓이 등장하는 경우도 많다. 왜 유독 북한 관련 보도에서 '아니면 말고' 식의 오보가 많을까?

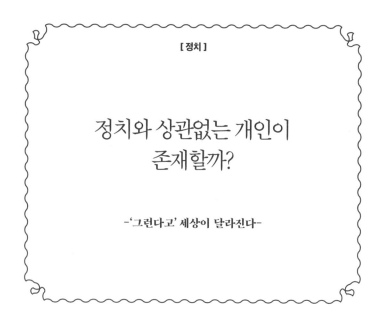

정치와 상관없는 개인이
존재할까?

- '그런다고' 세상이 달라진다 -

🢒 무탈한 사회를 고민하다

2020년부터 만 18세에게도 투표권이 주어졌다. (학교를 다니는 학생의 경우) 고등학교 3학년이 되는 해의 생일이 지나면 누구든지 선거에 참여할 수 있다. 그래서 모의 선거와 같은 교육이 필요하다는 주장이 제기되었는데, 중앙선거관리위원회는 이것이 공직 선거법에 위배될 소지가 있다며 불허했다. 모의 선거를 치르는 과정에서 교사가 특정 정당이나 정책을 옹호할 수도 있다는 우려인데, 이에 대해 현직 교사인 이혜심 씨와 김민호 씨의 생각은 달랐다.

이혜심(교실에서 정치 이야기는 위험하다는 교사)

"학교 내에서 교사의 지도 아래에 모의 투표를 치르게 되면, 당연히 교사의 정치적 의견이 개입될 수밖에 없다고 봐요. 교실이 정치화 되어서야 되겠어요? 게다가 투표는 의무가 아니고 권리죠. 하든 말든 자유인데, 당연히 투표해야 한다는 전제의 교육은 옳지 않다고 생각해요. 학생이 자신에게 이로운 방향으로 따져 보고 투표하면 될 일이지, 교육까지 받을 필요가 있을까요?"

김민호(학교에서부터 정치를 배워야 한다는 교사)

"투표가 의무가 아닌 권리이기 때문에 교육이 필요하죠. 자신의 권리를 제대로 누릴 수 있는 방법을 알려 줘야 해요. 공교육 12년 동안 어떤 정치 교육도 받지 않았으니, 묻지도 따지지도 않고 '여기는 무조건 A 당이지!' 하며 투표하는 사람들이 많죠. 묻고 따질 능력을 키우기 위해서라도 정치를 제대로 알아야 해요. 교실에서 정치 이야기를 하는 게 왜 무조건 나쁘다고 생각하세요? 십 대는 정치와 상관없이 살아가나요?"

　　　　　"저에게 한 표를 주십시오! 공공 임대 아파트 단지를 결사적으로 막겠습니다!"

국회의원 선거에 출마한 한 후보의 말이다. 임대 아파트에 좀비라도 산단 말인가? 필사적으로 임대 아파트를 막겠다고 부르짖는 태도가 황당하다. 그런데 이 정치인은 집값이 오를 것이라는 기대를 지역 유권자에게 안기며 여의도에 입성했다. 자기에게 이득이면 그만이라는 사람들에게 표를 얻기 위해 정치인들은 이기적인 공약을 남발한다. 공익이란 뼈대가 푸석해진 사회 공동체 끝에서 대중들의 정치적 무관심이 싹트는 건 당연하다. 나와는 상관없다면서 정치에 회의감을 지닌 이들이 많을수록, 정치인들은 관심을 가져 주는 이들만을 만족시킬 행보를 이어간다. 그게 혐오든 차별이든 아랑곳하지 않고.

정치가 혐오스러워도, 무관심은 NO!

"대통령은, 투표하는 국민들이 만듭니다. 정치인들은 표를 먹고삽니다. 세상에 어느 정치인이 표도 주지 않는 사람을 위해 발로 뜁니까? … 권리 위에 잠자는 사람은 보호받지 못합니다. 투표를 하지 않는 계층은 결코 보호받지 못합니다. 투표하십시오."

드라마 〈프레지던트〉(2010)의 한 장면이다. 요즘 주위를 둘러보면 정치에 대한 막연한 분노를 쉽게 발견할 수 있다. 국회의원이 일을 안 하고 돈만 받아 챙기니 의원 수를 줄여야 한다, 의원 세비를 삭감해야 한다 등의 주장이 대표적이다. 그렇게 해서 세상에 크게 도움이 된다면 좋겠지만, 결코 그렇지 않다. 국회의원이 1억이 넘는 높은 연봉을 받는 데는 이유가 있다. 국회의원이 정치에 집중할 수 있는 환경을 마련해 주자는 취지다. 이는 역사의 가르침이기도 하다. 공무원의 생활이 안정적이지 못하면 부정부패가 만연해지고, 그 피해는 고스란히 국민들이 입게 된다. 민중들이 일으킨 여러 혁명에 나랏일을 하는 자의 급여를 국가가 제대로 보장하라는 요구 사항이 있었던 이유다. 300명이라는 의원 수를 무작정 과하다고 볼 수도 없다. 과거보다 이해관계가 훨씬 복잡하게 얽혀 있는 현대사회에서, 엉킨 실타래를 풀 다양한 분야의 전문가들이 더 많이 국회로 진출하게 되면 그만큼 일상도 빨리 변화하기 때문이다.

　문제는 뉴스에 등장하는 정치인들의 모습만으로는 도무지 이런 호의적인 생각을 가질 수 없다는 데 있다. 그들은 싸우고, 욕하고, 약속은 안 지킨다. 재산이 수십억이라는 사람들이 선거 때만 전통 시장을 방문해 떡볶이를 어색하게 먹는 모습은 기만에 가깝다. 그러니 '나쁜 정치'에 실망할 수밖에 없다. 하지만 이것이 개인의 정치적 무관심으로 이어져서는 곤란하다. 사람의 목소리가 정치인에게 전달되어야만 제도가 정비되고 변화가 이뤄진다. 관심, 지지, 항의와 비판의 목소리 모두 필요하다. 하지만 방관적인 태도는 정치인들의 나쁜 의견이 '합리'라는 외피를 둘러싸도록 내버려 두는 꼴이 된다. 아무리 정치가 혐오스럽더라도, 정치가 결국 일상을 바꾼다는 기대를 접어서는 안 되는 이유다.

따져 볼 수 있는 용기

내가 중학생이던 시절에는 불시에 하는 소지품 검사가 잦았다. 교사가 보기에 학생이 소지해선 안 된다고 여겨지는 물건이 등장하면 이유를 막론하고 빼앗았다. 수업 중에 소지품 검사를 하게 되면, 학생들은 속이 훤히 보이도록 가방을 완전히 뒤집은 뒤에 가진 것을 전부 책상에 올려놓고 의자 위로 올라가곤 했다. 일제강점기나 유신 독재 시절에 벌어진 일이 아니다. 전 세계가 주목했다는 '1988년 서울올림픽대회' 이후였는데도 그랬다. 당시는 교사에게 그럴 권한이 있었다. 공식적으로는 없었지만, 아무도 문제 삼지를 않으니 정말로 소지품 검사를 할 권리가 있는 것처럼 여겨졌다. 체벌은 교사의 기분에 따라 그날그날 정해졌다. 담배·성인 잡지·만화책·기타 등등의 순서로 매질의 빈도와 강도가 달라졌다. 핸드크림을 갖고 온 친구는 이런 말을 들어야 했다. "사내새끼가 화장품을 갖고 있네. 너 오줌도 앉아서 누지?"

고등학교 때는 종교의 자유도 없었다. 나는 내 의사와는 무관하게 자동으로 배정된 불교 재단의 학교를 다녔는데, 의무적으로 종교 행사에 참여해야 했다. 일주일에 한 번씩 법당에서 열리는 법회에 가는 건 그래도 꾸벅꾸벅 졸면서 버틸 만했다. 그런데 석가탄신일 행사에 동원될 때는 너무나 화가 났다. 석가탄신일 몇 주 전부터 반마다 할당된 수의 연등을 만들어야 했고, 당일에는 종일 용 모양의 탈을 쓰고 거리 행진을 해야 했다. 조심스레 용기를 내어 항의한 적이 있는데, 돌아온 건 반성문 작성이었다. "다시는 학교의 종교 행사에 반대하지 않고 자발적으로, 그리고 기쁜 마음으로 참여하겠습니다." 이런 문장이 등장할 때까지 몇 번을 다시 써야만 했다. 내 양심에 반하는 일이었지만 집에 가려면 별수 없었다. 이상한 일이 학교에서 벌어지는 게 당연한 시절이었다. 소지품 검사도, 폭언도, 체벌도, 양심에 반하는 반성문을 강요하는 일도 학교에서는 모두 가능했다. 이런 학교에서 두발을 단속하고 야간 자율 학습과 방학 보충수업을 강제로 시키는 건 너무나도 당연했다.

하지만 세상이 변했다. 여전히 학교의 권위주의가 곳곳에 존재하고 새로운 문제들이 등장하기는 했지만, 과거의 무식했던 학생 통제는 확연히 줄어들었다. 이제는 학생들이 부당한 일에 항의하기가 조금 더 수월해졌다. 어떻게 이런 변화가 일어날 수 있었을까?

'따질 수 있는 용기'는 단순히 개인의 강한 심장에서 나오는 게 아니다. 나처럼 생각해도 괜찮다는 확신이 드는 열린 사회라면, 그리고 주위의 지향점과 나의 생각이 같다면 누구나 하고 싶은 말을 할 수 있다. 내 학창 시절에 학생 인권 조례 같은 것은 존재하지도 않았다. 그런데 요즘의 학생 인권 조례는 지금까지 교육이나 훈육이라는 말로 미화된 학생 통제가 틀렸음을 분명히 지적한다. 물론 아직 조례가 없는 지역도 있고, 조례의 조항을 정하면서 격한 논란이 벌어지기도 한다. 하지만 학생을 위한 인권 조례를 논한다는 자체만으로도 달라진 분위기를 실감할 수 있다. 이는 '정치'가 개입했기에 가능한 일이다. 정치인 아무개 한 사람 때문이 아니라, 일상에서 정치적 시민으로서 살고자 한 수많은 사람의 목소리 덕분이다. 이렇게 정치가 활성화되면 세상은 어떤 식으로든 좋아진다.

'그런다고' 세상이 변한다

정치는 연일 뉴스에 등장하는 유명 정치인의 행보만을 뜻하지 않는다. 선거에서 당선된 대통령·국회의원·시장·교육감만이 정치를 하는 것도 아니다. 정치인은 구체적인 법률이나 제도로서 실질적인 도움을 제공하는 사람인데, 이 정치인에게 영향을 끼칠 여론을 만드는 모든 행위가 정치다. 그러니까 시민 단체에서 활동하는 것도, 그 시민 단체에 후원금을 보내는 것도, 그저 밥 먹다가 옆 사람에게 정치적인 의견을 표현하는 것도 정치다.

그러니 보통 사람이 혜택을 볼 수 있는 제도가 등장하기 위해서는, 많은 이의 정치적 관심이 일상화되어야 한다. 앞서 나의 학교생활을 이야기했으니, 이번에는 '두발 규제'를 예로 들어 보겠다. 학교가 학생의 두발에 간섭하는 행위가 우리 헌법이 보장하는 '신체의 자유'에 위배된다는 주장은 1990년대 중반부터 등장하기 시작했다. 몇몇이 바위에 달걀을 던진 셈이다. 효과는 바로 나타나지 않았지만, 누군가 끊임없이 틀린 걸 틀렸다고 주장했다는 것만으로도 변화는 시작되었다. 바위는 그대로였지만, 깨진 달걀 껍데기를 보고 또다시 달걀을 던지는 사람이 나왔다. 자신과 비슷한 생각을 지닌 사람이 있다는 사실을 아는 것만으로도 용기가 났기 때문이다.

인터넷이 등장하면서 수만 명의 같은 생각이 모이자 상황은 급변했다. 2000년대 초반에 청소년들은 두발 자유화 운동을 본격적으로 펼쳤고, 광화문 광장에서 시위를 하기도 했다. 무시할 수 없을 정도의 여론이 형성되니 정치인도 쉽사리 외면할 수 없었다. 그들은 관련 제도를 정비하고 새로운 규정을 만들었다. 그렇게 학생 인권 조례가 등장하기까지 20년이 넘는 시간이 걸렸다. 두발 규제 폐지를 외쳤던 지극히 '정치적인' 학생들이 정치인과 교육감을 움직였기에 가능한 일이다.

일터의 변화도 마찬가지다. 2019년 7월부터 시행된 '직장 내 괴롭힘 금지법' 덕택에 일터에서 개인의 존엄성을 침해받지 않을 가능성이 조금 더 커졌다. 아직 미흡한 수준이지만, 부당한 대우를 참지 않고 공식적으로 항의할 수 있는 통로가 마련됐다는 점에서 충분히 긍정적이다. 이 법안이 하루아침에 등장했겠는가? 정치인이 입법을 고민할 때까지 수십 년이 걸렸다. 누구는 소송을 통해 조직의 부조리함을 세상에 알렸고, 누구는 신문사에 투고하고 방송국에 제보하며 문제의 공론화를 원했다. 일인 시위를 마다하지 않은 사람도 있었다. 세상의 관심이 조금씩 커질수록 정치인의 관심도 조금씩 높아졌다.

정치가 모든 것을 바꾸지는 못하지만, 많은 것을 변화시키는 강력한 힘을 지녔다는 사실을 부인해서는 안 된다. 먹고살기 바빠서 정치에 관심을 가질 수 없다는 사람도 많다. 하지만 나의 최저임금은 정치가 결정한다. 주말에 휴식을 취하면 '주휴 수당'이 나오는지, 공휴일이나 야간에 일하면 '초과 수당'으로 급여가 계산되는지 여부도 정치가 정한다. 이력서에 사진을 붙이거나 출신 지역을 기재하는 것을 금지한 블라인드 채용도 정치가 가능하게 했다. 누군가 항의하고, 시위하고, 모르는 사람에게 서명을 받아 가며 문제 제기를 한 끝에 '규정'이 만들어졌다. 즉 정치는 개인 권리의 범위를 넓혀 주는 창이자 권리 침해를 막아 주는 방패다. 물론, 그 반대의 결과를 야기하는 나쁜 정치도 있다. 중요한 건 정치가 내 삶에 엄청난 영향을 미친다는 명백한 사실이다.

정치는 사람의 정신도 지배한다. 정신과 의사 제임스 길리건 James Gilligan은 『위험한 정치인』(2015)이라는 책에서 1900년대 이후 미국의 자살률과 살인율이 집권 정당에 따라 확연히 차이가 난다는 사실을 짚는다. 공화당이 집권하면 자살률·살인율이 평균보다 높아지고 민주당이 집권하면 감소하는 추세를 보이는데, 이는 불평등을 대하는 정치의 태도와 밀접히 연결되어 있었다. 불평등을 경쟁 사회의 어쩔 수 없는 결과로 바라보고 빈곤을 개인의 나태함이 빚은 산물로 취급하는 경향이 강한 공화당의 정책이 많은 사람에게 수치심을 주어, 범죄와 자살을 유발한다는 것이다.

정치는 곧 내 삶의 문제다. 정치가 교육의 목적을 어떻게 설정하느냐에 따라 내가 학교에서 받는 수업 내용이 달라진다. 정치인들은 여론에 귀를 기울여 스쿨존의 범위를 늘리고, 범칙금을 상향 조정하고, 음주운전 기준을 강화하는 일 등을 논의할 것이다. 이는 내가 오늘 죽을지 살지의 운명을 결정한다.

정치가 낯선 이유

집 안에서 클릭 하나만으로 모든 것이 가능한 세상에서는, 내가 공동체 안에 살고 있다는 인식이 희미해질 때가 있다. 그런데 이 인터넷이 '정치' 없이 내 방까지 들어왔겠는가. 우리나라는 지하철이나 버스에서도 와이파이를 사용할 수 있는 몇 안 되는 나라다. IT 기술에 대한 정부의 선견지명과 기업의 혁신, 그리고 충돌하는 이해관계를 조정하는 관계 부서의 의지 없이는 불가능한 일이다.

하지만 정치라는 말만 들어도 손사래를 치는 사람이 많다. '정치는 나와 상관없다'고 딱 잘라 말하는 이들에게 일상의 작은 실천으로 좋은 사회를 만들어 나가자는 말은 힘이 없다. 정치와 스스로의 삶을 분리하게 만드는 몇 가지 고정관념을 짚어 보자.

첫째, '정치' 하면 특정 정치인들을 떠올리는 사람들이 많다. 물론 역사에 남을 특정 정치인을 귀감으로 삼고 성찰하는 태도는 좋다. 하지만 정치를 직업 정치인의 영역에만 국한해 버리면, 보통 사람들이 사회에 관심을 가지는 모습은 유별나게 느껴질 수 있다. 사회문제에 대해 목소리를 높이기만 해도 '너 한 자리 얻고 싶어서 그래?'라고 빈정거리는 이들이 우리 주위에 유독 많은 이유다. 대통령과 국회의원, 그리고 여러 정당에 소속된 사람들은 제도를 통해 정치를 적극적으로 실천하려는 사람이지 정치의 본질은 아니다. 정치는 모든 사람이 일상 속에서 자신의 호흡과 속도로 실천할 수 있다. 김대중 전(前) 대통령의 말을 되새겨 볼 만하다. "담벼락에 대고 욕이라도 해라."

둘째, 정치를 너무 무거운 주제로 바라본다. 많은 사람들이 정치가 사회를 변화시킨다는 말에 동의하지만, 정작 자신이 참여하기는 버겁다고 느낀다. '정치적 시민'의 예를 교과서에 등장하는 굵직한 사건에서만 찾기 때문이다. 부정선거에 온 국민이 항의한 4·19 혁명(1960), 군부독재에 목숨 걸고 저항한 5·18 민주화운동(1980), 대통령을 직접선거로 선출하자는 요구를 관철시킨 6월민주항쟁(1987) 등으로 시민이 세상을 바꾼 사례를 이해하면, 지금 내 존재는 왜소해 보일지 모른다. 정치는 엄청난 의지를 가진 특별한 사람들이나 하는 것이라고 받아들이게 되면 (그것이 겸손이든 회피든) 소극적인 자세로 이어지게 마련이다.

혁명과 항쟁은 시민들의 정치적 목소리가 시대적 흐름과 결합하여 우연히 응축된 결과물일 따름이며, 이것이 정치 그 자체를 의미하지는 않는다. 우리 주변 소소한 일들이 모두 정치와 연결된다. 오히려 학교 규율이 부당하다며 친구와 이야기하는 것, 최저임금을 준수하지 않는 사업장을 인터넷에 알리는 행위, 폭력의 피해자가 익명 게시판에 털어놓는 하소연에 '힘내세요'를 누르는 일 모두 정치와 연결된다. 나를 괴롭히는 현실을 비판하고 조금이라도 이로운 쪽으로 제도의 개선을 요구하는 일상의 실천이 모두 정치적 행동이다.

셋째, 정치와 관련된 사안에서 중립을 지키는 게 마냥 '선(善)' 이라는 고정관념이 깊다. 특히 교사에게 정치적 중립성은 굉장히 엄격히 요구된다. 이에 조금이라도 어긋나면, 맥락에 상관없이 곳곳에서 항의가 빗발친다. 만 18세의 투표권을 두고 논쟁이 벌어졌을 때도, 모의 선거 교육을 두고 찬반이 갈렸을 때도 많은 이들이 학교 현장의 정치적 중립성에 대해 우려했다. 하지만 고등학교 교실에서 정당과 정치인을 평가하고 정책을 따지는 행위가 무조건 나쁘다고 할 수 있을까? 이는 입시만이 학교의 존재 목적이라고 생각하는 현실의 비극이다. 이런 상황이니 학생들은 '군주제·과두제가 무엇인가?', '공산주의의 반대는 무엇일까?' 등을 교과서적으로 배우고 암기할 뿐이다. 학교에서는 우리가 단 하루도 빠짐없이 정치의 영향을 받고 있다는 사실을 느끼고 학습할 틈이 없다.

바보, 멍청이를 뜻하는 영어 단어 'idiot'의 어원은 '정치에 관심 없이 공동체로부터 멀어진 사람'을 뜻하는 그리스어 이디오테스(idiotes)로부터 출발한다. 그만큼 인간의 삶은 필연적으로 '호모 폴리티쿠스(Homo politicus)', 즉 정치적 인간에서 자유로울 수 없음을 뜻한다. 공동체는 구성원들의 약속에 따라 움직인다.

무엇을 해도 되고, 하면 안 되는지에 대한 합의 없이 사회가 굴러가지는 않는다. '좋은' 사회에는 좋은 약속이 많고 '나쁜' 사회에는 나쁜 다짐들이 범람한다. 다시 한번 말하지만, 사람이 사회를 만든다. 내가 정치에 관심 가진다고 해서 사회가 변하냐고 냉소하는 사람이 많다면? 그 사회는 반드시 나쁘게 변한다.

ⓘ 무탈한 사회를 위해 묻다

▶ 국회의원 선거에 출마한 사람들의 공약을 모아 보니, 새로 만들어질 지하철역만 100개에 달하고, 고속철도가 정차하는 역이 수십 개 신설될 계획이라고 한다. 한마디로 말도 안 되는 공약을 남발하는 것이다. 이런 현상이 벌어진 데에는 지역 발전에 도움을 주는 자가 최고라는 유권자의 인식도 분명 영향을 끼쳤을 것이다.

한국인들이 생각하는 '좋은 정치인'은 어떤 사람일까? 그 좋은 정치인의 이미지에는 어떤 문제가 있을까?

▶ 쿠데타로 집권한 제11·12대 대통령 전두환 정권은 국민이 정치나 사회보다는 이른바 스포츠와 대중 연예를 좋아하게 만들려는 '3S(SEX, SPORTS, SCREEN)' 정책을 펼쳤다. 1980년대 초반에는 한국 프로야구와 프로 축구가 만들어졌고, 1988년에는 '제24회 서울 올림픽'이 치러졌다.

이런 시도들이 국민에게 어떤 영향을 끼쳤을까? 국민의 관심을 정치로부터 돌리려는 시도들에는 무엇이 있고, 실제 효과는 어떠했는지 생각해 보자.

친숙한 것을 낯설게 보기

"가난이란 옛날에나 있었던 거죠. 왜 그렇게 ○○적으로 말하세요?"

"살다 보니 동물권이란 소릴 듣기도 하네요. 좀 ○○적인 주장 아닌가요?"

"시험이 코앞인 학생들에게 그런 ○○적인 선동을 해야 하나요?"

"이제는 종교와 불평등을 연결하네요. 정말 ○○적인 분석 아닌가요?"

"가족이 서로 희생하면서 잘 사는 게 왜 문제가 되죠? ○○적으로 전통을 파괴할 필요가 있나요?"

'극단적이다.' 이 책에서 등장한 주제를 강연하면서 어렵지 않게 접했던 반응이다. 난 이 말에 동의할 수 없다. 나는 자본주의 사회를 다른 체제로 바꾸자고 한 적이 없다. 자본주의의 문제점을 짚었을 뿐이다. 학교를 뛰쳐나오라고 말하지 않았다. 열심히 공부할수록 어떤 고정관념이 생기는지를 고민해 보자고 했을 뿐이다. 남녀가 결혼해서 자녀와 함께 살아가는 게 비정상이라고 하지 않았다. 그 외의 형태를 정상이 아닌 것으로 규정하지 말자고 했을 뿐이다.

평소에 볼 수 없었던 주사위 한 면의 이야기는 낯선 거지 틀린 게 아니다. 하지만 다른 면에만 익숙한 사람들은 자신들에게 친숙하지 않다는 이유로 이렇게 말한다. 과격·편파·난폭·거세다·지나치다·온건하지 않다 등등. 고정관념이 진리가 되면, '고정관념을 깨자'는 이야기는 찬밥 취급을 당한다.

사회구조를 보는 눈을 외면하는 사람들은 힘들어하는 개인에게 너무나도 얄팍한 처방과 위로를 일삼는다. '행복은 생각하기 나름'이라는 말은 타인과 비교하지 말고 자신을 있는 그대로 사랑하라는 좋은 뜻이겠지만, 사람의 고충을 해결하는 만병통치약은 아니다. 인간의 존엄성을 보장해 주는 사회시스템이 존재한다면, 우리들은 엄청난 노력 없이도 행복하지 않겠는가. '열심히 살다 보면 운이 따른다'는 덕담은 세상에 주눅 들지 말고 묵묵히 성장하라는 의도겠지만, 밑도 끝도 없이 이런 주술을 뱉는 사람들이 많아지면 그 운이 점점 줄어드는 사회구조의 폭력성이 은폐되기 마련이다.

우리는 화려한 것에 이끌린다. 그럴수록 이면을 보는 데 무심하다. 이 글을 쓰는 동안, 불과 22세 나이의 철인 3종 경기 선수가 가해자를 처벌해 달라는 유서를 남기고 죽음을 선택했다. 체육계의 고질적인 폭력 사태에 사람들은 경악했다. 하지만 그동안 이를 모른 척한 건 우리들이었다. 올림픽 메달리스트를 영웅이라 호칭하고 땀은 배신하지 않는다면서 좋아했던 이들은 우리들이다. 이 말이 틀렸다는 게 아니라, 너무 과한 게 문제다. 인내 끝에 열매가 있다는 말이 지나치게 떠돌아다니면, 인내라는 고상한 포장지 안에 숨은 추악한 폭력을 들춰낼 수 없다. 동료를 잃은 다른 선수는 이렇게 말한다. "운동선수의 세계는 원래 그런 것인 줄 알고 살아왔다."

자본주의사회의 화려한 발전상에만 주목하면, 그것이 원인이 되어 나타난 처참한 결과를 원래 그런 것으로 이해한다. 시험을 통과한 사례만을 공정하다고 포장하면, 그것이 원인이 되어 나타나는 타인에 대한 무례를 별거 아닌 걸로 취급한다. 아빠는 돈 벌고 엄마는 희생하고 자녀는 공부 열심히 하는 모습을 칭찬하기만 하면, 그것이 원인이 되어 생겨난 성차별과 가정 폭력이라는 사회문제를 좀처럼 바로 볼 수 없다.

친숙한 것을 낯설게 보자. 내게 친숙한 것이 전부가 아니라고 생각하자. 익숙하지 않다고 외면하지 말자. 좋은 이야기에 도취

되지 말자. 불편한 이야기를 무작정 거부하지 말자. 아름다운 말 속에 무엇이 감춰졌는지 따져 보자. 그리고 이 모든 과정을 즐기자. 마지막으로, 나는 사회 '안'에서 살아감을 잊지 말고, 내가 행복해지기 위해서는 사회가 달라져야 함을 명심하자.

북트리거 일반 도서

북트리거 청소년 도서

지금 여기, 무탈한가요?

팬찮아 보이지만 팬찮지 않은 사회 이야기

1판 1쇄 발행일 2020년 8월 25일
1판 9쇄 발행일 2024년 10월 10일

지은이 오찬호
펴낸이 권준구 | 펴낸곳 (주)지학사
편집장 김지영 | 편집 공승현 명준성 원동민
디자인 스튜디오 진진
마케팅 송성만 손정빈 윤술옥 | 제작 김현정 이진형 강석준 오지형
등록 2017년 2월 9일(제2017-000034호) | 주소 서울시 마포구 신촌로6길 5
전화 02.330.5265 | 팩스 02.3141.4488 | 이메일 booktrigger@naver.com
홈페이지 www.jihak.co.kr | 포스트 post.naver.com/booktrigger
페이스북 www.facebook.com/booktrigger | 인스타그램 @booktrigger

ISBN 979-11-89799-30-4 (03300)

북트리거

트리거(trigger)는 '방아쇠, 계기, 유인, 자극'을 뜻합니다.
북트리거는 나와 사물, 이웃과 세상을 바라보는 시선에 신선한 자극을 주는 책을 펴냅니다.